THOMAS BASCHAB
PETER PRANGE

TRÄUME WAGEN!

DER MENTALE WEG ZUM ERFOLG

ARISTON

Bibliografische Information der Deutschen Bibliothek

Die Deutsche Bibliothek verzeichnet diese Publikation
in der Deutschen Nationalbibliografie; detaillierte bibliografische
Daten sind im Internet unter http://dnb.ddb.de abrufbar.

MIX
Papier aus verantwortungsvollen Quellen
FSC® C083411
FSC www.fsc.org

Verlagsgruppe Random House FSC®N001967
Das für dieses Buch verwendete
FSC®-zertifizierte Papier *Super Snowbright*
liefert Hellefoss AS, Hokksund, Norwegen.

2. Auflage
Aktualisierte Neuausgabe

Dieses Buch ist bereits in einer früheren Ausgabe erschienen bei
Droemer Knaur GmbH & Co. KG, München
Umschlaggestaltung: Hauptmann & Kompanie, Zürich
unter Verwendung eines Motivs von Florian Beier
Druck und Bindung: CPI books GmbH, Leck
Printed in Germany
ISBN 978-3-424-20154-3

Für Coco Lina, Lisa und Julian.
Weil sie noch so viel vor (sich) haben.

»Einmal sollte man nur so zur Probe leben dürfen.
Und dann noch einmal richtig.«

RodaRoda

Inhalt

Prolog	Geht nicht, gibt's nicht!	11
1. Kapitel	Im richtigen Leben: Was heißt hier schon richtig?	15
2. Kapitel	Thema Herausforderung: Pro-bleme? Ja, bitte!	21
3. Kapitel	Wahrnehmung: Ich sehe was, was du nicht siehst	37
4. Kapitel	Chefblockade Angst: Augen auf und durch!	51
5. Kapitel	Mentale Einstellung: Wenn's anfängt, fängt's im Kopf an	67
6. Kapitel	Die Jagd nach dem Glück: Wozu tue ich, was ich tue?	77
7. Kapitel	Zwischenmenschliches: Was du nicht willst, das man dir tu …	87
8. Kapitel	Apropos Verantwortung: Keine faulen Ausreden!	99
9. Kapitel	Wahlfreiheit: Wie viel Freiheit darf's denn sein?	107

10. Kapitel	Visionen und Ziele: Alles sinnlos oder was?	117
11. Kapitel	Selbstprogrammierung: Wer's glaubt, wird selig!	129
12. Kapitel	Aufbruch: Es gibt nichts Gutes – außer man tut es!	155
Epilog	Geht nicht, gibt's nicht! Oder doch?	183
	Anstelle eines Nachworts	187
	Danke!	190
	Noch Fragen, liebe Leser?	191

Prolog

Geht nicht, gibt's nicht!

Es war an einem schönen Tag im Jahr 2001, irgendwo zwischen Himmel und Erde.

Pünktlich um sechs Uhr morgens betrat der liebe Gott den kleinen Empfangssaal, um ein paar Neuzugänge zu begrüßen, ein halbes Dutzend Frauen und Männer, die mit gespannter Neugier auf Ihn warteten. Sie alle waren in der vergangenen Nacht gestorben und sollten Rechenschaft ablegen über ihr Leben, beziehungsweise darüber, was sie aus ihrem Leben gemacht hatten.

»Nun, ihr Lieben«, sprach der liebe Gott, »was habt ihr Gutes zu berichten?«

Als Erster trat ein kleiner grauer Mann vor. »Ich habe meine Steuern immer pünktlich bezahlt, das Finanzamt hat sich nie über mich beklagt. Ich glaube, ich hätte ein Plätzchen im Himmel verdient.«

»Und ich«, meldete sich seine Nachbarin zu Wort, eine Frau mit dünnen Lippen und spitzer Nase, »ich habe mein Leben lang keinen Tropfen Alkohol angerührt und erst recht keine Männer. Ich will daraus zwar keine Ansprüche ableiten, aber ...«

»Papperlapapp«, unterbrach sie ein dicker, rotgesichtiger Mann. »Das Einzige, worauf es ankommt, ist Arbeit, Arbeit, Arbeit. Ich habe so schwer geschuftet, dass ich mit vierzig meinen ersten Herzinfarkt hatte! Wenn *ich* nicht in den Himmel komme, wer dann?«

»Das werden wir später sehen«, sagte der liebe Gott, offenbar gar nicht zufrieden mit diesen Auskünften. »Zahlungsmoral, Entsagung, Arbeitseifer – soll das alles sein, was auf eurem Grabstein steht? Das ganze Ergebnis nach all den Jahren? Wo bleibt das Glück? Wo die Liebe?« Da fiel sein Blick auf eine hoch gewachsene Frau, deren Gesicht trotz tausend Falten ihre frühere Schönheit erkennen ließ. »Du warst doch verheiratet«, wandte Er sich an sie. »Wie war deine Ehe?«

»Ach, Gott, ja«, erwiderte sie mit einem Schulterzucken, »es gab sicher bessere Männer als meinen Walter, aber immerhin, er brachte das Geld nach Hause.«

»Nun ja, Elisabeth, du warst auch nicht das große Los«, brummte ihr Mann, ein älterer Herr an ihrer Seite, »aber immerhin, der Service hat geklappt. Es hätte schlimmer sein können«, schloss er mit einem Seufzer.

Da platzte dem lieben Gott der Kragen. »Gütiger Himmel!«, polterte Er. »Das ist ja nicht zum Aushalten! Wozu habe Ich euch das Leben geschenkt? Damit ihr Trübsal blast? Euch mit dem Zweitbesten begnügt? Eure Zeit totschlagt, statt sie zu nutzen und zu genießen?«

Betroffen senkten die Neuankömmlinge die Köpfe. »Mehr war nicht drin, Chef«, maulte der dicke rotgesichtige Mann. »Außerdem«, assistierte ihm die Frau mit den dünnen Lippen, »seit wann lebt man zu seinem Vergnügen?«

Der liebe Gott überhörte die Einwände. »Was soll Ich nur mit euch machen?«, murmelte er und kraulte nachdenklich seinen Bart. Dann hellte sich plötzlich seine Miene auf. »Ich werde euch eine Aufgabe stellen. Wenn ihr die schafft, sollt ihr eine neue Chance bekommen.«

Aufgeregte Fragen wurden laut. »Eine Aufgabe?« – »Haben wir nicht schon ein Leben lang genug geschuftet?« – »Was für eine Aufgabe denn jetzt noch?«

»Ich möchte, dass jeder von euch hier einen Freudensprung macht. Ich möchte, dass ihr zehn Meter hoch springt!«

Jetzt schlug die Aufregung in Empörung um. »Zehn Meter?« – »Unmöglich!« – »Nicht in unserem Alter!«
»Warum eigentlich nicht?« Die Rufe verstummten, alle drehten sich zu einer Frau mit hellen blauen Augen herum, die bislang noch nicht gesprochen hatte. »Ich meine«, sagte sie, »wenn wir ein Trampolin hätten, könnten wir es vielleicht schaffen.«
»Ein Trampolin?«, rief der kleine graue Herr. »Das wäre Betrug!«
»Warum Betrug?«, wollte die Frau mit den blauen Augen wissen. »Hat jemand gesagt, Hilfsmittel sind verboten?« Sie hatte noch nicht ausgesprochen, da stand ein neues, großes Trampolin in der Mitte des Saals. »Sehen Sie, man scheint nichts dagegen zu haben!«
»In der Tat, damit könnte es klappen«, sagte der rotgesichtige Mann und machte Anstalten, auf das Trampolin zu klettern. Doch plötzlich verharrte er in der Bewegung. »Mist! Geht doch nicht! Die Decke ist höchstens sechs Meter hoch.«
Alle Augen wanderten in die Höhe. »Stimmt«, sagte die Frau mit den blauen Augen. »Aber na und? Dann müssen wir eben ein Loch in die Decke sprengen!«
»Ein Loch in die Decke? Das wäre ja total bescheuert!«
»Bescheuert? Vielleicht – aber nicht unmöglich!« Und wieder hatte die Frau mit den blauen Augen noch nicht ausgesprochen, als es in dem Gemäuer zu knacken und zu rucken begann. Im nächsten Moment barst die Decke entzwei und sie schauten hinauf in den weiten, offenen Himmel. »Na los, worauf warten wir noch?«
Die Frau mit den blauen Augen machte den Anfang, und es dauerte keine fünf Minuten, da hüpften alle zusammen auf dem Trampolin. Zehn Meter, zwanzig Meter, fünfzig Meter hoch – die Grenze war nur der Himmel.
»Na also«, sagte der liebe Gott. »Endlich habt ihr's kapiert! Geht nicht, gibt's nicht!« Und mit einem zufriedenen Lächeln fügte er hinzu: »Zur Belohnung dürft ihr noch einmal leben. Aber diesmal richtig, wenn ich bitten darf!«

1. Kapitel
Im richtigen Leben: Was heißt hier schon richtig?

Seit der liebe Gott – oder wer auch immer – das Leben erfunden hat, haben die Menschen sich den Kopf darüber zerbrochen, wie es denn auszusehen hätte, das richtige Leben. Was ist sein Sinn, was sein Ziel, was sein Wert?
Und vor allem: Was muss ich tun, um an dieser überaus verlockenden Veranstaltung teilzunehmen?

Lebensphilosophie

So unterschiedlich die Fragen über das Leben, die wir uns im Lauf der Geschichte gestellt haben, so unterschiedlich fielen die Antworten aus.
Manche Philosophen haben behauptet, jeder solle »das Seine« tun, dann sei er auf dem richtigen Weg. Fragt sich nur, was ist »das Seine«? Andere schlagen vor, man möge blindlings seinen Instinkten folgen – und wundern sich dann, wenn sich ihre Jünger die Köpfe einschlagen. Weshalb wiederum andere meinen, alles, was einem Freude machen könnte, müsse man kontrollieren oder sich im Zweifelsfall verkneifen, um stets nur saure Pflichten zu erfüllen.
Mit einem Wort: 1001 kluge Köpfe haben sich an der Frage nach dem richtigen Leben die Zähne ausgebissen. Manche spürten der Antwort von höherer Warte aus nach, andere ver-

suchten, das Leben aus dem Leben selbst zu verstehen. Doch das Ergebnis war, um mit Ludwig Thoma zu sprechen, meistens dasselbe: »Nichts Gewisses weiß man nicht.«

Wo stehe ich?

Fest steht eigentlich nur eins: Das Leben ist kurz. Und weil außerdem das Gerücht geht, das Leben könne, sofern man es nur »richtig« anstellt, ziemlich schön sein, hat man in der Regel allen Grund, sich ein bisschen damit zu beeilen.

Wer sich von der Kürze seines Lebens überzeugen will, braucht nur ein Blatt Papier zu nehmen und darauf einen Strich zu ziehen. Um diesen Strich in eine Lebenslinie zu verwandeln, markiere man das eine Ende mit dem eigenen Geburtsdatum, das andere mit dem angenommenen Todesjahr (zur Orientierung: Die durchschnittliche Lebenserwartung der Deutschen beträgt bei Männern 78, bei Frauen 83 Jahre) und trage sodann die Höhen und Tiefen ein (zum Beispiel besondere Erfolge oder Misserfolge).

Das Ganze sollte schließlich – abgesehen von den konkreten Daten – etwa so aussehen:

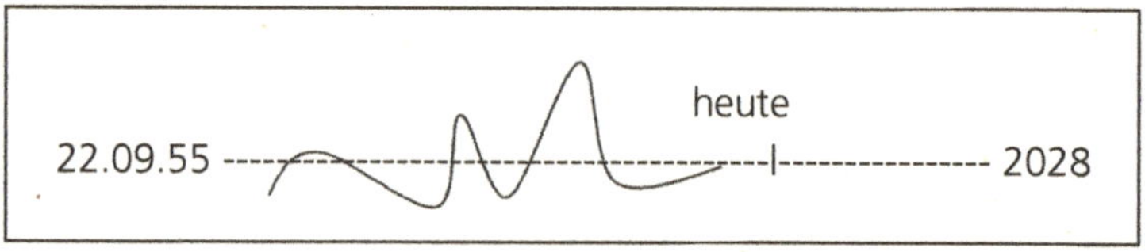

Große Preisfrage: Wo stehe ich jetzt? Wie viel Leben habe ich bereits verbraucht? Wie viel Leben habe ich noch vor mir? Wie viel ungelebtes Leben, das in mir steckt, habe ich in der Vergangenheit vertrödelt? Und: Was kann ich in Zukunft tun, damit es endlich an die frische Luft kommt? Mit welchen Sehnsüchten und Hoffnungen, welchen Wün-

schen und Bedürfnissen? Mit welchen Chancen und Möglichkeiten?
Womit wir wieder bei der Frage nach dem richtigen Leben wären.

Probe aufs Exempel: Übung 1

Hätten Sie's gern ein bisschen anschaulicher? Dann besorgen Sie sich einfach ein Zentimetermaß aus Papier (gibt's in jedem größeren Möbelhaus gratis). Stutzen Sie das Band auf einen Meter – von dort an geht's um Ihr Leben.
Wie viele Jahre haben Sie schon gelebt? Bitte reißen Sie die entsprechenden Zentimeter von dem Metermaß ab. Jetzt sieht die Sache schon erheblich kürzer aus. Wie lange werden Sie vermutlich leben? Reißen Sie die entsprechenden Zentimeter vom anderen Ende des Bandes ab.
O je, da bleibt nicht mehr allzu viel übrig. Und kann es sein, dass Sie vielleicht rauchen oder regelmäßig Alkohol trinken oder Übergewicht oder übermäßig Stress haben? Dann müssen Sie noch mal fünf Zentimeter für jedes Laster abreißen.
Jetzt haben Sie die Jahre in der Hand, die Ihnen zu leben bleiben. Sind sie nicht der beste Grund, Ihr Leben in Zukunft »richtig« zu leben?

Der Tomatensalat

Noch einmal also: Was ist richtig? Was ist falsch?
Mit dieser Frage sah sich vor ungefähr fünfunddreißig Jahren ein kleines Mädchen namens Andrea konfrontiert. Sie stand in

der Küche ihres Elternhauses und ihre Aufgabe war es, bei der Zubereitung eines Tomatensalats zu helfen.
»Damit der Salat richtig schmeckt«, erklärte ihre Mutter, »musst du die Tomaten so fein und dünn schneiden, wie du nur kannst. Nur dann entfalten sie ihr Aroma.« Also schnitt Andrea, wann immer sie von nun an einen Tomatensalat zubereitete, die Früchte in hauchdünne Scheiben, jahrein, jahraus. Denn, so hatte sie gelernt, das war die einzig richtige Weise.
Bis eines Tages Onkel Alberto aus Italien zu Besuch kam. Der stand in dem Ruf, ein großer Feinschmecker zu sein, und kaum war er im Haus, verschwand er auch schon in der Küche. »Hilfst du mir beim Kochen?«, fragte er die inzwischen nicht mehr ganz so kleine Andrea.
Zu seiner Freude folgte sie ihm in die Küche. Doch wie groß war sein Entsetzen, als er sah, wie Andrea die Tomaten schnitt. »Was machst du denn da? Das ist ja eine Sünde!«, rief er. »Tomaten muss man in ganz dicke Scheiben schneiden. Nur so bleiben sie saftig und frisch!«

Hauptsache, es schmeckt!

Über die Zubereitung von Tomatensalat streitet man sich in Andreas Familie bis heute. Die Nachfolger von Onkel Alberto schwören nach wie vor auf dicke, die Nachfolger ihrer Mutter auf dünne Scheiben. Und neuerdings gibt es sogar ein paar Verwandte, die meinen, dass es darauf gar nicht ankomme; viel wichtiger als dünne oder dicke Scheiben sei die Frage, ob mit oder ohne Zwiebeln. Einig sind sie sich nur in einem: Hauptsache, es schmeckt!
Das Problem dabei ist nur: Was dem einen schmeckt, mag der andere noch lange nicht. Beziehungsweise, was der eine nicht mag, ist für den anderen vielleicht gerade ein Hochgenuss. Woraus, bezogen auf die Frage nach dem richtigen Leben, eine

einfache Einsicht folgt: Jeder muss selbst herausfinden, was für ihn das richtige Leben ist.

Das Pferd des Lebens

Was aber ist für *mich* das richtige Leben?
Auf diese Frage hat die Philosophie immerhin *eine* kluge Antwort gegeben (na ja, ein paar mehr waren es natürlich schon, aber davon später mehr). Ein Herr mit dem ehrwürdigen Namen Christian Fürchtegott Gellert hat sie im 18. Jahrhundert formuliert: »Lebe, wie du, wenn du stirbst, wünschen wirst, gelebt zu haben.«
Dieser Vorschlag, das Pferd des Lebens vom Schwanz her aufzuzäumen, ist eine der nützlichsten Ideen, die die europäische Geistesgeschichte in Sachen Lebensklugheit hervorgebracht hat. Weil sie einer Tatsache Rechnung trägt, die kein noch so gescheites Gedanken-Hin-und-Her aus der Welt schaffen kann: Dass jedes Leben, das ein Mensch unter der Sonne führt, immer eine einmalige, unwiederbringliche Chance ist, die nur *einer* nutzen kann – der Mensch, dem dieses Leben geschenkt wurde und der dieses Leben führt.

Jeder sein eigener Koch

Ein Tomatensalat muss dem Menschen schmecken, der diesen Tomatensalat isst. Und ein Leben muss dem Menschen schmecken, der dieses Leben lebt. Weshalb es in der Lebenskunst so wenig Patentrezepte gibt wie in der Kochkunst.
Sind Rezepte zur Lebenskunst darum überflüssig? Sicher nicht, so wenig wie Rezepte zur Kochkunst. Denn auch darin gleicht das Leben dem Kochen: Die Feinabstimmung muss jeder selbst herausfinden, durch immer wieder neues Probieren. Doch da-

mit ein Gericht überhaupt gelingen kann, sind eine Reihe von Grundzutaten unverzichtbar. Was wäre schließlich ein Tomatensalat ohne Tomaten?

Probe aufs Exempel: Übung 2

Über Richtig und Falsch im Leben kann nur entscheiden, wer seiner eigenen Nase statt fremden Propheten folgt. Dazu aber muss er wissen, wohin die Lebensreise geht. Machen Sie also die Probe aufs Exempel!
Angenommen – natürlich nur als Gedankenspiel –, Sie wären gestern gestorben: Was würden Sie dann heute gern über sich in der Zeitung lesen? Verfassen Sie auf einem Blatt Papier Ihren Nachruf, mit Überschrift und einem Text von maximal zehn Sätzen. Feilen Sie an diesem Nachruf so lange, bis Sie das Gefühl haben: Ja, so bin ich! Oder besser noch: Ja, so möchte ich sein!

Haben Sie Ihren Nachruf geschrieben? Wenn ja, dann wissen Sie ja so ziemlich, worum es für Sie im Leben geht. Und wenn Sie das wissen – warum machen Sie sich nicht auf den Weg?

Von ein paar Grundzutaten der Lebenskunst soll darum hier die Rede sein. Zwar sind sie keine Erfolgsgarantie für das Jüngste Gericht, doch machen sie nicht selten die Würze des Lebens aus.
Zum Beispiel Probleme.

2. Kapitel

Thema Herausforderung: Pro-bleme? Ja, bitte!

Lust auf ein Spiel?
Dann schauen Sie bitte einmal, wie viele Quadrate Sie in der folgenden Abbildung sehen.

Haben Sie die Antwort? Und die Antwort lautet 16? Ach nein, Sie korrigieren sich ja schon selbst und sagen 20, weil Sie inzwischen auch die vier Quadrate gesehen haben, die die vier Viererblocks bilden. Oder 21? Schließlich ist die ganze Abbildung selbst ein Quadrat. Oder vielleicht 22? Denn die vier Quadrate in der Mitte bilden ihrerseits ja wieder ein Quadrat.

Jetzt ist aber Schluss? Von wegen, jetzt geht's erst richtig los! Werfen Sie doch mal einen Blick auf das Kreuz in der Mitte, und schon kommen wieder ein paar Quadrate hinzu.

Jetzt sind wir bei 30 Quadraten, und bei 30 hören die meisten Spieler auf. Doch schauen Sie mal auf die Stellen, wo die Linien sich kreuzen, und sehen Sie ganz genau hin. Entdecken Sie da nicht auch winzig kleine Quadrate, die ungefähr so aussehen?

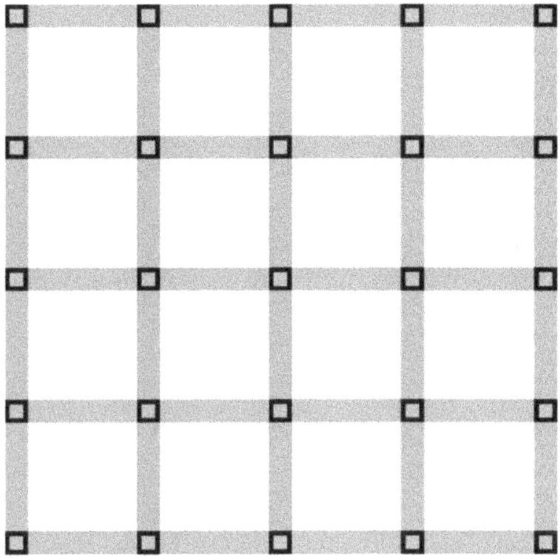

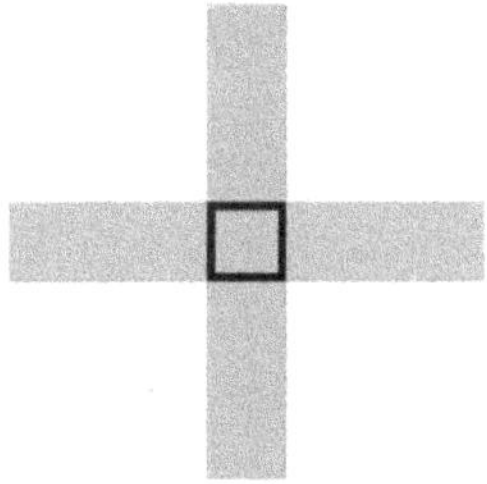

Vergrößertes Detail:
Quadrat im Schnittpunkt der Linien

Von diesen Miniquadraten gibt es immerhin 25 in der Abbildung – macht mit den bereits identifizierten Quadraten insgesamt 55. Wie, das ist Ihnen immer noch nicht genug? Weil Sie die inneren und äußeren Begrenzungslinien der Kästchen entdeckt haben?

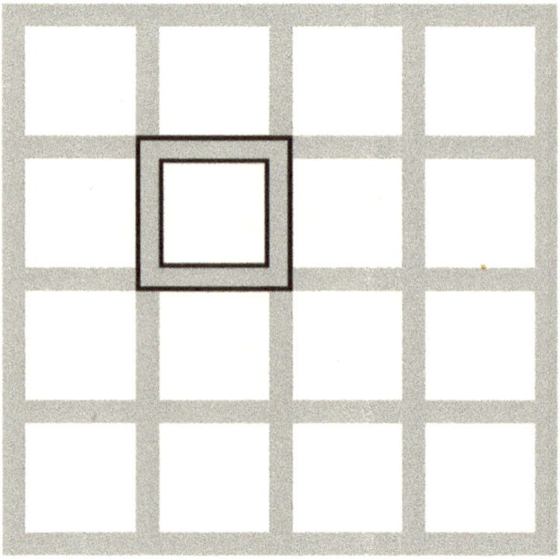

Und schon haben wir wieder viele Quadrate mehr. Was natürlich nicht heißt, dass dies alle sein müssen. Es sind noch jede Menge weiterer Quadrate in der Abbildung versteckt. Wenn Sie Lust haben, danach zu suchen, hier ein kleiner Tipp: Vergessen Sie nicht, die Quadrate mitzuzählen, die Sie mit Ihrer Vorstellungskraft in die Abbildung hineinprojizieren.
Wird da vielleicht Einspruch laut? Dass das ja alles fauler Zauber sei? So hätten wir nicht gewettet – Quadrate an den Kreuzungspunkten oder Begrenzungslinien oder gar in der Phantasie …
Solcher Einspruch wäre mehr als verständlich. Aber: Wer hat eigentlich gesagt, wo wir Quadrate entdecken dürfen und wo nicht?

Grenzen im Kopf

Fazit des Quadrate-Spiels: Ob ich 16, 20 oder unendlich viele Quadrate entdecke – die Grenze ist genau da, wo ich sie mir setze.

Die einzige Regel bei dem Spiel lautete: Gezählt werden nur die Quadrate, also Rechtecke mit vier gleich langen Seiten. Wie groß oder wie klein diese Quadrate sind, ob man ihre Umrandungen gleich erkennen kann oder ob man für ihre Existenz etwas dickere Trennungslinien annehmen muss – all das stand ganz in meinem Belieben. Kein Mensch hat mir hier Vorschriften gemacht. Höchstens ich mir selbst.
Die Grenze, an der ich mir die Zähne ausgebissen habe, war die Grenze, die ich in meinem Kopf gezogen habe: »Ich darf nur die offensichtlichen Quadrate mitzählen.« Doch kann ich mich trösten: Damit stehe ich nicht allein. Wir alle sind fixiert auf Grenzen, und wenn uns kein anderer welche setzt, dann setzen wir sie uns selbst.

Was ist erlaubt?

Bleibt die Frage: Warum gehen wir immer davon aus, dass uns etwas einschränkt? Auch wenn wir objektiv gar keinen Einschränkungen unterliegen? Die Antwort ist ebenso trivial wie folgenschwer: Weil wir auf Einschränkungen programmiert sind.
Alles, was nicht ausdrücklich erlaubt ist – so die unterschwellige Annahme –, ist verboten. Und rums! sind wir blockiert, sobald wir vor einer Aufgabe stehen, und verwerfen Chancen zur Lösung, noch bevor wir sie überhaupt ins Auge gefasst haben. So wie die zögerlichen Neuankömmlinge im himmlischen Empfangssaal, die bei ihrem Freudensprung glaubten, weder ein Trampolin benutzen noch ein Loch in die Decke sprengen zu dürfen, obwohl der liebe Gott doch gar nichts dagegen hatte und ihre einzige Grenze der Himmel über ihren Köpfen war.
»Hebe den Blick und du siehst keine Grenzen«, heißt es in dem Kultbuch *Die Möwe Jonathan*. Wenn wir die Freiheit haben,

unsere eigenen Annahmen zu bilden, warum gehen wir nicht von der Annahme aus, dass wir auch frei in unseren Handlungsmöglichkeiten sind? Was hindert uns, den Spieß umzudrehen und – statt zu sagen: »Alles, was nicht erlaubt ist, ist verboten« – einfach das Gegenteil anzunehmen: »Alles, was nicht ausdrücklich verboten ist, ist erlaubt!«?

Vom Umgang mit Problemen

Das Quadrate-Spiel ist nur ein Spiel, aber lehrreich. Denn es zeigt uns auf simple Weise eins: Je entschlossener wir Gebrauch von der Freiheit machen, anzunehmen, was wir wollen, desto leichter fällt es uns, eine Lösung zu finden. Wenn uns tausend Wege offen stehen, dann führt uns wenigstens einer zum Erfolg. Wenn nicht mit Sicherheit, so doch mit einiger Wahrscheinlichkeit.
Unser Verhalten beim Quadrate-Spiel ist typisch für unseren ganz alltäglichen Umgang mit Problemen. Wenn wir ein Problem haben, dann fragen wir uns in der Regel nicht, wie etwas trotzdem geht, sondern aktivieren alle Energie, um den Nachweis zu führen, warum etwas nicht geht. Dabei würde nicht selten schon ein Teil dieser Energie ausreichen, um zu beweisen, dass es geht. Und statt in Betracht zu ziehen, was uns bei der Lösung helfen könnte, sammeln wir Argumente, warum und wieso wir das Problem partout eben *nicht* lösen können.
Drängt sich die Frage auf: Was ist ein Problem?

Hassliebe

Hier fängt die Sache an, problematisch zu werden. Unser Verhältnis zu Problemen ist nämlich selbst problematisch – eine klassische Hassliebe: Einerseits sind uns Probleme zuwider; an-

dererseits aber mögen wir Probleme so sehr, dass wir sie mit Freuden suchen.
Wie bitte? Wir suchen Probleme? Und ob! Jedes Spiel – zum Beispiel das Quadrate-Spiel, aber auch jedes Kreuzworträtsel oder Tennis- beziehungsweise Fußballmatch – ist nichts anderes als ein Haufen ungelöster Probleme. Und trotzdem geben wir uns, freiwillig und mit großer Leidenschaft, allen möglichen Spielen hin.
Denn so komisch es klingt: Wir Menschen brauchen Probleme, haben ein Urbedürfnis danach, können gar nicht ohne sie sein. Und das gleich aus mehreren Gründen.

Pro-bleme

Wenn ich ein Problem habe, habe ich den Salat – denke ich zumindest. Doch trifft diese Sicht der Dinge wirklich zu? Um die Frage zu beantworten, muss ich mir nur mal ein Leben ohne Probleme vorstellen. Abgesehen von der unerträglichen Langeweile, die dann zweifellos herrschen würde, was wären die Folgen?
Die Antwort hat es in sich: Ohne Probleme wäre ich nicht lebensfähig. Sobald ich mit der kleinsten Schwierigkeit konfrontiert würde, müsste ich die Segel streichen. Weil ich ja nicht gelernt hätte, wie ich damit umgehen soll. Jemand, der noch nie ein Problem hatte, kann keine Probleme lösen, so wenig wie jemand, der noch nie einen Fußball gesehen hat, Fußball spielen kann. Beides muss man eben lernen.
Probleme machen mich fit, Probleme zu lösen. Wenn Probleme plötzlich anstehen oder auf mich einstürzen, kann ich zwar meistens gut auf sie verzichten. Würde ich aber ein Leben ohne alle Probleme führen, wäre ich bald dem Untergang geweiht. Denn im wirklichen Leben – anders als in der Vorstellung – gibt es früher oder später eben doch mal ein Problem. Und dann habe ich wirklich eins.

Ein Problem ist darum ein »Pro-blem«; es ist *pro,* also *für* mich: mein ganz persönlicher Entwicklungshelfer, der mir hilft zu wachsen.

Das Gleichnis vom Schmetterling

Wer sich *nicht* in Gefahr begibt, kommt darin um! Und wer Probleme meidet, wird früher oder später Opfer seiner Probleme. Dieses niederträchtige Prinzip ist leider keine Erfindung kompliziert denkender Menschen, sondern eine Beobachtung, die sich bereits im Reich der Tiere anstellen lässt.
Wenn ein Schmetterling das Licht der Welt erblickt, hat er es erst einmal ziemlich schwer. Um zu schlüpfen, muss er sich unter Aufbietung all seiner Kräfte ein Loch in den Kokon bohren: sein persönliches Tor zum Leben.
Das brachte Wissenschaftler auf eine Idee: Sie wollten einem Versuchs-Schmetterling den Eintritt ins Dasein erleichtern und zwar auf denkbar simple Weise. Damit das Tierchen sich nicht plagen musste, nahmen sie ihm die Arbeit ab und vergrößerten künstlich das Loch in dem Kokon.
Für den Augenblick konnte der Schmetterling von Glück reden – er schlüpfte ohne jedes Problem. Doch genau damit fingen seine wirklichen Probleme an, und zwar für den Rest seiner Tage. Denn so mühelos er auf die Erde gelangt war, so schwer lastete er nun auf ihr: Er konnte sich nicht entfalten – und war darum unfähig zu fliegen!
Warum konnte er nicht fliegen? Ganz einfach: Beim natürlichen Schlüpfen, beim mühsamen Bohren durch den Kokon, bildet ein Schmetterling gerade die Muskeln aus, die er zum Fliegen braucht. Nimmt man ihm aber die Probleme beim Schlüpfen, nimmt man ihm zugleich die Fähigkeit zu fliegen.

Prosit!

Und was hat das mit uns Menschen zu tun? Mehr, als wir glauben!
Angenommen, ich habe mit achtundvierzig Jahren mein erstes größeres Problem – es haut mich um! Habe ich dagegen bereits als Fünfundzwanzigjähriger schon ein Dutzend größerer Probleme gelöst, dann haut mich so schnell nichts mehr um. Das zumindest kann ich schließen, wenn ich auf mein Leben Rückschau halte: Nach der Lösung eines Problems war ich immer weiter, als ich war, bevor ich das Problem hatte.
Was Probleme betrifft, unterscheiden wir uns also nicht besonders von den Schmetterlingen in ihren Kokons. Auch in unserer eigenen Entwicklung erweisen sich Probleme immer wieder als Pro-bleme, als persönliche Entwicklungshelfer. Zum Beispiel in der Gesundheit: Nichts schützt mich besser gegen einen Infekt als hin und wieder ein Schnupfen. Bleiben mir aber im Herbst die kleinen Erkältungsprobleme erspart, holt mich im Winter jede Grippe von den Beinen. Weil mein Immunsystem so schlecht trainiert ist wie der Schmetterling, der ohne Mühsal zur Welt gelangt.
Weshalb man früher bei einem Nieser »Prosit« sagte. Das heißt auf deutsch: »Es möge nützen!«

Laufen lernen

Ein japanisches Sprichwort besagt: »Jedes Problem ist der Schlüssel zu einem verborgenen Schatz.« Das glauben Sie nicht? Wer sich davon überzeugen will, braucht sich nur daran zu erinnern, wie er vor mehr oder weniger vielen Jahren die Entwicklung vom krabbelnden Säugling zum »homo erectus« bewältigte, sprich: wie er laufen lernte.
Das Laufenlernen ist ja nichts weiter als eine einzige Aneinan-

derreihung von Problemen. Wenn ein Baby anfängt zu krabbeln, besteht die Welt in seiner Perspektive nur aus Schwierigkeiten. Überall bauen sich vor ihm gewaltige Hindernisse auf: Plüschtiere, Bauklötze, Treppenstufen … Und immer wieder geraten sämtliche Arme und Beine durcheinander, weil die Koordination ja erst gelernt werden muss.
Doch damit nicht genug: Die Schwierigkeiten multiplizieren sich, sobald das Kind das Krabbeln begriffen hat und den Versuch unternimmt, sich auf seine zwei Beine aufzurichten. Kaum steht es senkrecht da, liegt es schon wieder am Boden. Und – Wunder über Wunder – trotzdem hat es nichts Eiligeres zu tun, als das Problem erneut in Angriff zu nehmen.
Aufstehen fängt mit Hinfallen an! Und was ist der Lohn? Der »aufrechte Gang«.

Aufstehen

Warum sind wir oft so blind für diese Lehre vom Laufenlernen? Und hassen Probleme, statt sie zu lieben? Wahrscheinlich, weil uns das Prinzip von Versuch und Irrtum ein Leben lang begleitet, und was man täglich am eigenen Leib erfährt, das nimmt man meistens kaum noch wahr. Geschweige, dass man es liebt.
Das Leben ist nun mal lebensgefährlich: Es ist und bleibt eine Abfolge von Aufstehen und Hinfallen, das Scheitern ist in jedem Handeln als Möglichkeit inbegriffen. Gott sei Dank – denn was wäre der Erfolg wert, wäre er eine bloße Selbstverständlichkeit?
Hinfallen ist darum erlaubt, nur Liegenbleiben ist verboten!

Wimbledon als Waterloo?

Davon können vor allem Sportler ein Lied singen. Deren Karriere verläuft so gut wie nie in einer geraden Aufwärtsbewegung, sondern fast immer wie im folgenden Bild:

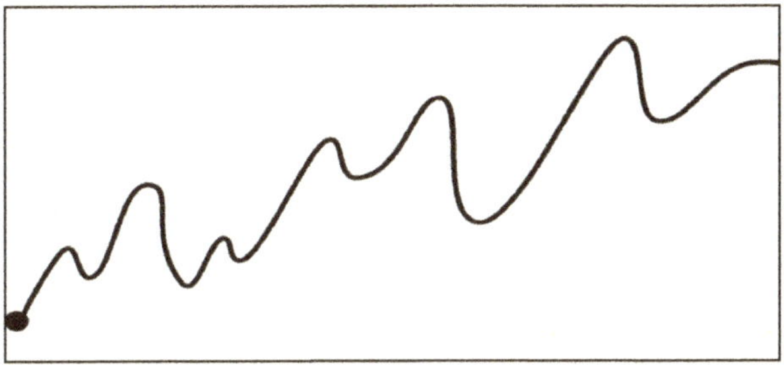

Wo entscheidet sich die Karriere? Genau – an den Tiefpunkten. Siegertypen werden im Tal geboren. Hier, und nur hier, zeigt sich, ob man aus Erfahrung (die oft ja nichts weiter ist als die Summe gemachter Fehler) klug wird oder ob man lieber auf der Strecke bleibt.

Und was zeigt sich auf den Höhepunkten der Karriere? Ob man den Erfolg verkraftet. Denn dieser steigt nur zu Kopf, wenn dort der nötige Hohlraum vorhanden ist. Das hat kein Geringerer als Boris Becker erkannt. Auf die Frage, zu welchem Zeitpunkt seine Karriere am stärksten gefährdet gewesen sei, antwortete er wie aus der Pistole geschossen: »Bei meinem ersten Sieg in Wimbledon, als ich gerade siebzehn war!«

Zwischen Stress und Langeweile

Auch wenn die meisten Menschen, die heutzutage so gern von sich behaupten, dass sie Herausforderungen »lieben«, in Wahrheit lieber ihre Ruhe als ein Problem hätten, geben wir es

zähneknirschend zu: Wir brauchen Herausforderungen. Vielleicht nicht unbedingt zum Leben, ganz sicher aber – so paradox es klingen mag – für unser Wohlbefinden.
Der ungarische Psychologe mit dem unaussprechlichen Namen Csikszentmihalyi hat zum Glück herausgefunden warum. Das Gefühl, das wir gewöhnlich Wohlbefinden nennen, nennt er Flow: ein Gefühl des Fließens, das von uns Besitz ergreift, wenn wir voll und ganz in einer Sache aufgehen, bei der Arbeit, beim Spiel, in der Liebe.
Dieses Gefühl kommt nicht von ungefähr. Vielmehr stellt es sich ein, wenn wir uns in einem ausbalancierten Zustand zwischen äußeren Herausforderungen und eigenen Fertigkeiten befinden: Wenn wir uns mit Tätigkeiten beschäftigen, die uns weder über- noch unterfordern, sondern die wir mit einiger Anstrengung erfolgreich bewältigen können.
Flow ist also der Zustand zwischen Langeweile und Stress. Muten wir uns Aufgaben zu, die unsere Fähigkeiten übersteigen, geraten wir in Stress; geben wir uns mit Dingen ab, die wir im Schlaf beherrschen, beginnen wir uns zu langweilen. Flow dagegen empfinden wir, wenn wir die äußeren Anforderungen und unsere eigenen Fertigkeiten im Wechselspiel kontinuierlich steigern, ganz gleich, ob beim Tennis- oder beim Liebesspiel.
Csikszentmihalyi hat diesen Sachverhalt nicht nur in Worte, sondern auch in ein Bild gekleidet (siehe gegenüber):

Muhammad Ali und die Shushwap-Indianer

Der legendäre Boxchampion Cassius Clay alias Muhammad Ali hat das Flow-Prinzip auf den Punkt gebracht: »Wenn du glaubst, du bist tot, musst du dich neu verlieben.«
Offenbar wusste Muhammad Ali, wovon er sprach. Kaum wa-

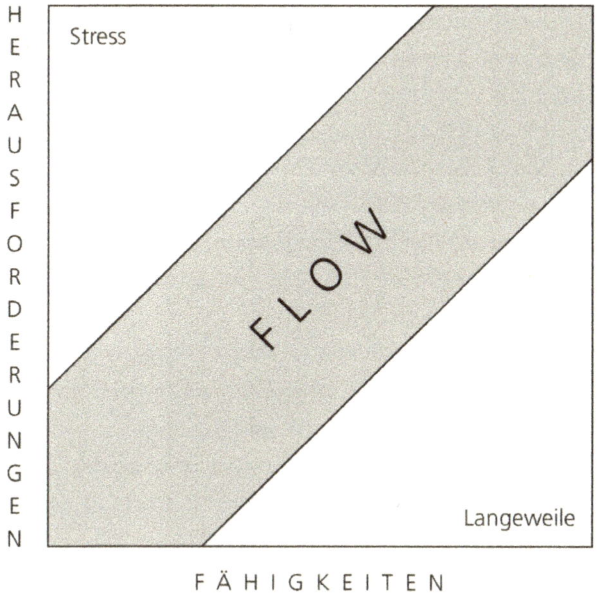

gen wir den Ausbruch aus dem routinierten Alltag, verlieben uns in einen neuen Partner (oder aufs Neue in den alten), regt sich zu neuem Leben, was längst erloschen schien. Plötzlich beginnt das Herz wieder zu klopfen, die Knie werden weich, und siehe da: Der Flow, der totgeglaubte, fängt wieder an zu strömen!

Die kanadischen Shushwap-Indianer haben vermutlich nie von Muhammad Ali und ganz bestimmt nicht von Mihaly Czikszentmihalyi gehört, und doch praktizieren sie dieses Prinzip seit Generationen, fernab der Zivilisation, in British Columbia. Dort haben sie eigentlich das Paradies auf Erden und könnten wunschlos glücklich sein: Die Flüsse sind voller Fische, die Wälder voller Wild, Früchte wachsen im Überfluss. Legen sie sich darum, wie man nun denken könnte, auf die faule Haut und lassen sich die Beeren in die Münder wachsen?

Keineswegs! Etwa alle fünfundzwanzig Jahre überkommt sie eine merkwürdige Unruhe. »Wenn man alles im Voraus weiß«, sagen die Stammesälteren, »hat das Leben keinen Sinn.« Ohne ersichtlichen äußeren Grund brechen die Indianer ihre Zelte ab, verlassen ihr Schlaraffenland und wandern viele Kilometer weiter, um sich woanders anzusiedeln. Dort erkunden sie neue Flüsse, jagen in neuen Wäldern, machen neuen Boden urbar. Und statt über die scheinbar unnützen Anstrengungen zu klagen, die sie auf sich genommen haben, fühlen sie sich um Jahre verjüngt: Ihr Leben hat wieder einen Sinn und erscheint ihnen lebenswert.

Die kollektive Intuition der Shushwaps lehrt uns eines: »Gut geht es uns auf Dauer nur, wenn wir es uns nicht zu gut gehen lassen.« Darum suchen die Indianer immer wieder die Herausforderung. Und darum sollten auch Sie ab und zu eine Herausforderung suchen, auch und gerade wenn es Ihnen gut geht in Ihrem Alltag.

Probe aufs Exempel: Übung 3

Wollen Sie mal eine wirkliche Herausforderung wagen? Eine richtig große, die Sie mit allem fordert, was in Ihnen steckt? Dann stellen Sie eine kleine leere Getränkeflasche (zum Beispiel eine 0,25-Liter-Cola-Flasche) auf die Ecke eines frei zugänglichen Tisches, und legen Sie einen Tischtennisball auf die offene Flaschenmündung. Alles bereit?

Wenn ja, nehmen Sie in mindestens fünf Metern Entfernung vom Tisch Aufstellung. Strecken Sie nun den rechten Arm aus (Linkshänder natürlich den linken), den Zeige- oder Mittelfinger schnippbereit, und gehen Sie zügigen Schritts auf die Flasche mit dem Ball zu. Sobald Sie auf der Höhe der Flasche sind, schnippen Sie im Vorbeigehen den Ball von der Öffnung.

Nun? Wie hat's geklappt?
Falls Sie es nicht geschafft haben, sind Sie deshalb gewiss kein Versager. Sie befinden sich vielmehr in bester Gesellschaft. Höchstens 5 Prozent der Leute sind imstande, diese so einfach scheinende Aufgabe zu lösen. Machen Sie den Versuch bei Ihrer nächsten Party. Lassen Sie Ihre Gäste der Reihe nach antreten, und die Verzweiflung wird kein Ende nehmen. Viel Spaß!

Des Rätsels Lösung

Nun, die Welt ist leider kein einziges großes Shushwap-Reservat, und in der Wirklichkeit wird oft selbst eine so einfache Aufgabe wie die, mit dem Finger einen Tischtennisball von einer Flasche zu schnippen, zu einem unüberwindlichen Hindernis. Denn das Problem mit den Herausforderungen ist, dass sie sich meistens nicht so ohne weiteres bewältigen lassen. Wozu wären sie sonst auch Herausforderungen?
Wenn sich bei diesem kleinen, verflixten Experiment partout kein Flow einstellen will, sich dafür aber der Stress mit jedem weiteren gescheiterten Versuch zuverlässig steigert, gibt es dafür in der Regel drei Gründe:

1. *Wahrnehmung:* Die ausgestreckte Hand, mit der ich auf die Flasche zulaufe, verdeckt das Ziel. Und was ich nicht sehe, kann ich nicht treffen, es sei denn, aus Zufall. Also wie im richtigen Leben: Wenn ich das Ziel aus den Augen verliere, ist es ziemlich unwahrscheinlich, dass ich es erreiche.
2. *Angst:* Natürlich möchte ich mir mit dem schnippenden Finger nicht weh tun. Also zuckt mein Arm kurz vor dem Ziel reflexartig in die Höhe – und somit am Ziel vorbei. Wieder

wie im richtigen Leben: Wenn ich einen Fehler mache und mir meine Aufgabe misslingt, ich aber gar nicht weiß, was der Fehler war, weil ich ihn unbewusst mache, habe ich keine Chance, den Fehler zu korrigieren.

3. *Mentale Einstellung:* Vom Startplatz bis zum Ziel sind es mehrere Meter. Zeit genug, mir unterwegs tausend Gedanken zu machen und mindestens einen zu viel. Also noch einmal wie im richtigen Leben: Wenn ich mir allzu viele Gedanken mache, geht leicht die Konzentration auf das Wesentliche verloren und ich verkrampfe mich.

Mit einem Wort: Im richtigen Leben geht's uns meistens wie beim Bällchenschnippen. Denn diese drei Faktoren – Wahrnehmung, Angst, mentale Einstellung – sind so gut wie immer mit im Spiel, wenn wir uns auf den Weg machen, unser (Un-)Glück zu schmieden. Mal vermasseln sie uns die Tour, mal helfen sie uns auf die Sprünge. Mal mehr, mal weniger, am liebsten aber treten sie alle drei miteinander ins Spiel.
Grund genug, dass wir sie uns der Reihe nach anschauen.

3. Kapitel

Wahrnehmung: Ich sehe was, was du nicht siehst

Warum haben manche Menschen mehr, andere weniger vom Leben? Warum marschieren die einen stets auf den Erfolg zu, andere todsicher an ihrem Glück vorbei?
Weil die einen die Schlauen, die anderen die Dummen sind? Vielleicht. Doch wenn es um Glück und Erfolg geht, entscheidet die Intelligenz eher im Ausnahmefall. Viel wichtiger ist die Frage der Optik: Durch welche Brille betrachte ich das Leben?

Rechenspiele

Wer herausfinden möchte, was für eine Brille gerade auf seiner eigenen Nase sitzt, braucht nur diese Gleichungen anzusehen:

$1+1=2$
$2+1=3$
$2+2=5$
$3+3=6$

Nun, was haben Sie gesehen? Keine Frage – die dritte Gleichung! Die ist Ihnen förmlich ins Auge gesprungen, stimmt's? Und zwar aus gutem Grund: Weil sie nämlich falsch ist.

Darum haben Sie sich gleich ein doppeltes Kompliment verdient: erstens, weil Sie rechnen können, zweitens, weil Sie einen Fehler erkennen.
Doch halt! Ist es wirklich so ein Glück, dass wir mit geradezu traumwandlerischer Sicherheit unser Augenmerk auf die fehlerhafte Gleichung richten?

Negative Wahrnehmung

Wenn wir uns auf die dritte Gleichung konzentrieren, verkennen wir eine bemerkenswerte und vor allem erfreuliche Tatsache: dass nämlich drei von vier Gleichungen richtig sind! Und obwohl doch nur richtige Gleichungen uns im Leben weiterhelfen, registriert dies in der Regel kein Mensch.
Egal, ob beim Rechnen, im Beruf oder im Eheleben: Unsere Wahrnehmung ist negativ orientiert. Fehler sehen wir immer! Immer fällt uns auf, was alles *nicht* perfekt ist: der Sprung in der einen Kaffeetasse, obwohl die übrigen elf des Services intakt sind, der Kratzer am hinteren Kotflügel im ansonsten makellosen Lack, das buchstäbliche Haar in der Suppe.
»Die Wiese des Nachbarn ist immer etwas grüner als die eigene«, sagten früher schon die Bauern. Und die moderne Fassung lautet: »Nichts nutzt mein Auto mehr ab als das neue Auto des Nachbarn.« Weil wir uns auf die Defizite konzentrieren und eben immer sehen, was wir *nicht* haben, statt uns darüber zu freuen, was wir haben.

Natürliche Selektion

Warum funktioniert unsere Wahrnehmung so? Gründe dafür gibt es mehr als genug. Der wichtigste ist wahrscheinlich das Überangebot des Lebens selbst.

Angenommen, ich stehe an einer Straßenkreuzung und will die Straße überqueren. Was würde passieren, würde ich tatsächlich all die Informationen wahrnehmen, die sich mir an dieser Ecke präsentieren? Das Kaufhaus gegenüber mit seinen bunten Schaufenstern, die beiden jungen Mädchen auf dem Bürgersteig, der Opa mit seinem Schäferhund, die drei hüpfenden Schuljungen, nicht zu vergessen die hohen Kastanienbäume entlang der Straße, in deren Kronen die Vögel zwitschern – und und und …

Würde ich all diese Informationen wahrnehmen, würde ich wahrscheinlich die wirklich wichtigen nicht mehr registrieren. Zum Beispiel, ob die Fußgängerampel auf Rot oder Grün steht oder ob die Autos in nur einer oder in beiden Richtungen fahren. Und kaum mache ich einen Schritt nach vorn, bin ich schon auf dem Weg: allerdings nicht hinüber zur anderen Straßenseite, sondern ins nächste Krankenhaus, wo man mich nach meinem Unfall versorgt.

Um heil über die Straße zu gelangen, muss ich angesichts der zahllosen Informationen, die auf mich einstürmen, meine Wahrnehmung auf die wirklich wichtigen konzentrieren. Eine solche Selektion ist aber nicht nur an der Straßenecke ein Muss, sondern an jeder kleinen und großen Kreuzung meines Lebenswegs.

Fragt sich nur: Was ist wirklich wichtig?

Probe aufs Exempel: Übung 4

Warum sehen wir oft Dinge und registrieren sie trotzdem nicht? Weil sie uns gerade unwichtig erscheinen. Von diesem Mechanismus lebt die ganze Zunft der Magier. Ob ein Hobby-Zauberer ein paar Spielkarten in seinem Ärmel oder David Copperfield eine halbe Stadt verschwinden lässt – Zaubertricks funktionieren, weil

wir im entscheidenden Moment in unserer Wahrnehmung abgelenkt sind.
Oft reichen ein paar kleine Manöver aus, damit die Wahrnehmung eines Menschen regelrecht erblindet. Probieren Sie es selber aus! Bitten Sie Ihren Lebenspartner, einen Freund oder einen Kollegen, seine Uhr zuzuhalten. Fragen Sie ihn dann nach Details seiner Uhr wie Farbe, Aussehen des Zifferblatts, der Zeichen, der Zahlen bis hin zur Markierung der Minuten und Sekunden (Striche oder Punkte).
Jetzt darf Ihr Testpartner seine Uhr wieder anschauen. Lassen Sie ihm ein paar Sekunden Zeit, seine Angaben zu überprüfen. Sie werden in den meisten Fällen feststellen, dass die Testpersonen ihre Uhr nur sehr schlecht, teilweise sogar völlig falsch beschreiben, obwohl sie sie doch täglich viele Dutzend Male anschauen.
Bitten Sie Ihren Übungspartner nun, nochmals das Zifferblatt zuzuhalten, und fragen Sie ihn dann nach der Uhrzeit. Mit ziemlicher Sicherheit gerät er ins Stottern, und wenn er überhaupt eine Antwort gibt, dann wahrscheinlich eine falsche. Obwohl er gerade mehrere Sekunden lang auf die Uhr geschaut hat, hat er doch nicht die Uhrzeit gesehen. Weil er sich, abgelenkt durch Ihre vorherigen Fragen, auf die Details im Aussehen konzentriert hat. Die Uhrzeit selbst – normalerweise das Einzige, was beim Blick auf die Uhr interessiert – erschien ihm plötzlich nebensächlich. Wahrnehmung ist zielorientiert.

Uexkülls Tierleben

Mit genau dieser Frage hat sich zu Beginn des letzten Jahrhunderts ein estnischer Biologe namens Jakob Johann von Uexküll beschäftigt. Und ein dickes Buch darüber geschrieben: *Umwelt und Innenwelt der Tiere*.

Darin kommt er dem Wunder der Natur in ebenso eigenwilliger wie interessanter Weise auf die Spur. Alle Tiere, so seine Beobachtung, sind geradezu perfekt in ihre jeweilige Umwelt eingepasst – den einfachen Tieren entspricht eine einfache Umwelt, den höher entwickelten Tieren entspricht eine höher entwickelte Umwelt. Dabei gilt folgende Faustregel: Je einfacher die Umwelt, desto sicherer die Instinkte, mit denen sich die verschiedenen Lebewesen in ihr orientieren.

Was bedeutet das in der tierischen Praxis? Vor allem, dass jedes Tier ziemlich genau weiß, welche Informationen für sein Überleben in seiner Umwelt wichtig sind und welche nicht. Nicht die Information an sich ist bedrohlich, sondern sie wird es erst in der Wahrnehmung durch das jeweilige Tier. Derselbe Käfer, der auf das leiseste Knacken in dem Halm, den er gerade entlangkrabbelt, mit Panik reagiert, weil ein Einknicken des Halms womöglich sein Ende bedeutet, bleibt völlig unbeeindruckt vom Stampfen eines Büffels. Weil er weiß, dass der ihn nicht tangiert.

Wir Menschen sind auf Erden bekanntlich die am höchsten entwickelten Tiere, die in einer höchst entwickelten Umwelt leben. Darum sind wir erstens komplizierter und zweitens in unserer Wahrnehmung durch Geburt und Erbanlagen weit weniger festgelegt als die übrigen Tiere. Das hat sein Gutes und sein Schlechtes. Einerseits können wir uns nicht blindlings auf unsere Instinkte verlassen, andererseits können wir unsere Wahrnehmung selber steuern.

Die Steuerung der Wahrnehmung ist Sache des Denkens. Und um denken zu lernen, gehen wir in jungen Jahren in die Schule.

Von klein auf

In der Schule kriegen wir nicht nur Rechnen, Lesen und Schreiben beigebracht, sondern vor allem, wie wir die Welt wahrnehmen. Und kaum haben wir ein paar Wochen Unterricht hinter uns, begreifen wir auch schon: Alles, was falsch ist – darauf kommt es an!

Von klein an werden wir auf negative Selektion gedrillt. »Das hast du falsch gemacht, das ist nicht richtig!« Man schaue sich nur mal seine alten Schulhefte an! Überall sind die Fehler rot und mit Ausrufezeichen markiert. Doch wo steht je ein Lob für alles das, was stimmt?

Diese negative Brille, mit der wir die Welt betrachten, ist fatal. Denn sie verleitet uns dazu, die Welt nicht nur negativ zu *sehen*, sondern auch negativ zu *handeln*. Wenn wir auf Fehler fixiert sind, haben wir nur ein Bestreben: Fehler zu vermeiden.

Durch Fehlervermeidung aber sind noch nie Heldentaten entstanden – und auch keine Erfolge oder Glücksmomente.

Wer ist hier der Optimist?

Dabei steht es uns jederzeit buchstäblich frei, die Welt positiv oder negativ wahrzunehmen. Ja, nicht mal das berühmte halb gefüllte Glas kann darüber entscheiden, ob ich ein Optimist oder ein Pessimist bin!

Angeblich ist ja immer der ein Optimist, der das Glas als halb voll bezeichnet. Doch wenn das Glas nun Lebertran enthält, den ich trinken muss? Bin ich da nicht eher Optimist, wenn ich mich darüber freue, dass das Glas schon halb leer ist? Vorausgesetzt natürlich, dass ich kein leidenschaftlicher Lebertrantrinker bin. In dem Fall wäre der Optimist natürlich wieder der Pessimist beziehungsweise umgekehrt.

Nein, wie ich die Dinge wahrnehme, ist und bleibt meine Entscheidung. Und das ist eine unerhörte Chance.

Die Schuhverkäufer

Das beweist die Geschichte der beiden Schuhverkäufer Erwin K. und Detlef S., die vor vielen Jahren von ihrer Firma, einem namhaften deutschen Schuhhersteller, in eine nordafrikanische Wüstenregion geschickt wurden, um dort die Absatzchancen ihres Unternehmens zu erkunden.
Verkäufer Detlef S. hatte nach wenigen Tagen sein Urteil parat. »Aktion vollkommen sinnlos, jede weitere Bemühung überflüssig«, telegraiferte er seinem Chef resigniert und fügte auch gleich den Grund hinzu: »Hier trägt kein Mensch Schuhe.«
Sein Kollege Erwin K. brauchte ein wenig länger. Dann aber kam er zu einem völlig anderen Schluss. »Schickt tonnenweise Schuhe«, kabelte er voller Euphorie an die Zentrale. »Jeder Mensch hier ein potenzieller Käufer. Aussicht auf 100 Prozent Marktanteil!«

Ziffernsalat

Was lehren uns die Schuhverkäufer? Ganz einfach: Wir sehen immer nur das, worauf unsere Konzentration sich richtet. Wenn Sie Zweifel daran haben, schlagen wir Ihnen ein kleines Experiment vor. Dafür brauchen Sie nur einen Partner, der eine Uhr mit römischem Zifferblatt trägt.
Das Experiment geht ganz leicht. Halten Sie das Zifferblatt Ihres Partners zu und fragen Sie ihn, wie das Zeichen für »vier« darauf aussieht. Am besten, er schreibt es kurz auf.
Das heißt, eigentlich ist das überflüssig. Denn was er auf-

schreibt, steht jetzt schon ziemlich sicher fest. Es wird dieses Zeichen sein: »IV«.
Wie, das hätten Sie sich auch gedacht? Weil »IV« ja die römische Ziffer für »vier« ist, also auf einem römischen Zifferblatt dieses Zeichen wohl erwartet werden kann? Nun, wenn Sie dieser Ansicht sind, dann irren Sie sich genauso wie Ihr Partner. Denn die Ziffer auf seiner Uhr sieht (in 95 Prozent aller Fälle) so aus: »IIII«.
Falls Ihr Partner, der ja wahrscheinlich schon Tausende von Malen auf seine Uhr geschaut hat und trotzdem die Antwort nicht wusste, nun die Welt nicht mehr versteht, können Sie ihm eine schlüssige Erklärung für seinen Irrtum geben. Wenn er auf seine Uhr schaut, schaut er nicht auf die einzelnen Ziffern, sondern auf die Zeigerstellung. Weil er ja wissen will, wie spät es ist – das ist normalerweise (wenn er nicht gerade durch ein paar Fragen abgelenkt wird) das Einzige, was ihn beim Blick auf die Uhr interessiert.

Spurensuche

Noch einmal: Wir sehen immer nur das, worauf unsere Konzentration sich richtet. Eine ganz ähnliche Erfahrung machte im Jahr 1998 der Schweizer Tourist Moritz Duttweiler, als er die Hopi-Indianer in ihrem Reservat besuchte. Die Hopi tragen zwar keine Uhren (zumindest nicht, wenn sie Schweizer Touristen durch die Prärie führen), doch dafür verstehen sie eine Menge von der Spurensuche.
In deren Geheimnis weihte Häuptling Talking Head seinen Gast ein. Moritz Duttweiler hatte natürlich in seiner Kindheit Indianerromane gelesen. Also kroch er auf allen vieren durchs Gras und durchs Unterholz, um irgend etwas zu entdecken. Und was machte Talking Head?
Nichts dergleichen. Er schlenderte einfach durch die Gegend;

seine Augen wanderten ziellos umher, streiften mal hierhin, mal dahin. »Ja, Sie suchen ja gar nicht!«, rief Duttweiler empört. »Natürlich nicht«, antwortete Talking Head mit einem Lächeln. »Das wäre der größte Fehler, den man bei der Spurensuche machen kann. Wenn ich etwas Bestimmtes suche, entdecke ich nur das, wonach ich suche. Und alles andere bleibt verborgen.«

Probe aufs Exempel: Übung 5

Was ist das?

Manchmal muss man nur den Blickwinkel verändern, und schon geht einem ein Licht auf. Die obige Grafik ist nur scheinbar ein Strichcode. Tatsächlich enthalten die Striche und Balken eine Botschaft für Sie. Um sie zu entziffern, müssen Sie die Seite auf Augenhöhe vor Ihr Gesicht halten: Je flacher der Blickwinkel, um so leichter wird es Ihnen fallen, die Worte zu lesen. Nehmen Sie sich ein bisschen Zeit und variieren Sie den Blickwinkel ein paarmal. Mit etwas Geduld wird es Ihnen gelingen.

You get what you see

Was in der Werbung (vor allem für Computersoftware) oft versprochen, aber nicht immer gehalten wird, klappt im wirklichen Leben meist von selbst: »You get what you see« – du bekommst, was du siehst.

Angenommen, ich will mir ein Auto kaufen, und zwar einen Opel Corsa: Was sehe ich auf der Straße? Richtig, nur noch Opel Corsas, einen nach dem anderen. Fast scheint es, als gäbe es keine anderen Automodelle mehr, so sehr wimmelt es plötzlich davon. Oder meine Frau ist schwanger. Auf einmal sind nur noch schwangere Frauen auf den Straßen, zumindest in meinem Blickfeld – lauter werdende Mütter.

Nanu, was ist da passiert? Hat sich durch meinen Autowunsch beziehungsweise durch die Schwangerschaft meiner Frau die Wirklichkeit verändert? Wohl kaum. Was sich verändert hat, ist meine Wahrnehmung der Wirklichkeit, eben durch meine Fokussierung auf das Modell Opel Corsa beziehungsweise auf das Thema Schwangerschaft.

Wunschloses Unglück

»You get what you see« – dieses Wechselspiel bestimmt nicht nur unsere Orientierung im Alltag, sondern unser ganzes Lebensgefühl.
Glück ist Einstellungssache! Das belegt eine Studie, die vor einiger Zeit im Wochenmagazin *Focus* veröffentlicht wurde. Aus ihr geht hervor, dass sich nur rund 10 Prozent aller Deutschen als glücklich bezeichnen.
Dieses Ergebnis spiegelt bereits eine erstaunliche Wahrnehmung der Wirklichkeit wider – immerhin gehört Deutschland zur absoluten Weltspitze in puncto Wohlstand, Sicherheit und was es sonst noch an materiellen Glücksgütern gibt. Doch wie hat der Aufklärer und Physiker Georg Christoph Lichtenberg bereits vor zweihundert Jahren gesagt? »Was für ein Land, in dem man früher lernt, die Nase zu rümpfen, als dieselbe zu putzen!«
Wirklich verblüffend ist aber ein anderes Ergebnis, zu dem die *Focus*-Studie gelangt. Im Grunde ist es uns völlig egal, wie es uns geht; ob wir glücklich sind oder nicht, hängt kaum von den äußeren Umständen ab. Der Beweis: Die 10 Prozent Glücklichen finden sich in allen Schichten und Gruppierungen der Gesellschaft. Glücklich sind immer nur 10 Prozent – bei Armen und Reichen, bei Dicken und Dünnen, bei Männern und Frauen, bei Jungen und Alten, bei Beamten und Freiberuflern.

Die andere Sicht

Eine Ausnahme von der Regel weist die Glücksstatistik allerdings aus. Es gibt eine Gruppe von Menschen in Deutschland, die sich zum weit überwiegenden Teil glücklich nennt. Diese Menschen sind weder Filmstars noch Politiker oder sonstige

Lieblinge des Himmels – im Gegenteil. Es sind vielmehr Menschen, denen es – objektiv betrachtet – viel schlechter geht als den meisten von uns: Körperbehinderte.
Ein Großteil dieser Menschen behauptet von sich, glücklich zu sein. Wie ist das zu erklären? Wahrscheinlich nur so: Sie wissen zu schätzen, was sie haben, statt zu bejammern, was sie nicht haben. Um im Bild der Zahlenspiele zu bleiben: Sie sehen die drei richtigen Gleichungen in ihrem Leben, statt sich auf die eine falsche zu konzentrieren.
Müssen wir erst einen Unfall erleiden oder krank werden, um zu erkennen, wie schön das Leben ist? Wäre es nicht viel einfacher, unsere Wahrnehmung zu verändern?

Meine Brille, meine Wirklichkeit

Sag mir, welche Brille du trägst, und ich sage dir, welche Wirklichkeit du siehst – und welche Wirklichkeit du bekommst. Denn all die Beispiele zeigen immer wieder eins: Wir unterliegen einem großen Missverständnis. Das Missverständnis heißt: Es gibt eine Wirklichkeit, und diese Wirklichkeit kann man wahrnehmen. Tatsächlich aber ist es genau umgekehrt. Es gibt eine Wahrnehmung, und diese erzeugt meine Wirklichkeit. Will ich also meine Wirklichkeit verändern, muss ich zunächst meine Wahrnehmung verändern, sprich: ich muss mir eine geeignete Brille auf die Nase setzen.
Wie das geschehen soll? Im Prinzip so einfach wie beim Autokauf: indem ich mich auf bestimmte Ziele programmiere, am besten auf die Ziele meiner Wahl, meine Traumziele.

Probe aufs Exempel: Übung 6

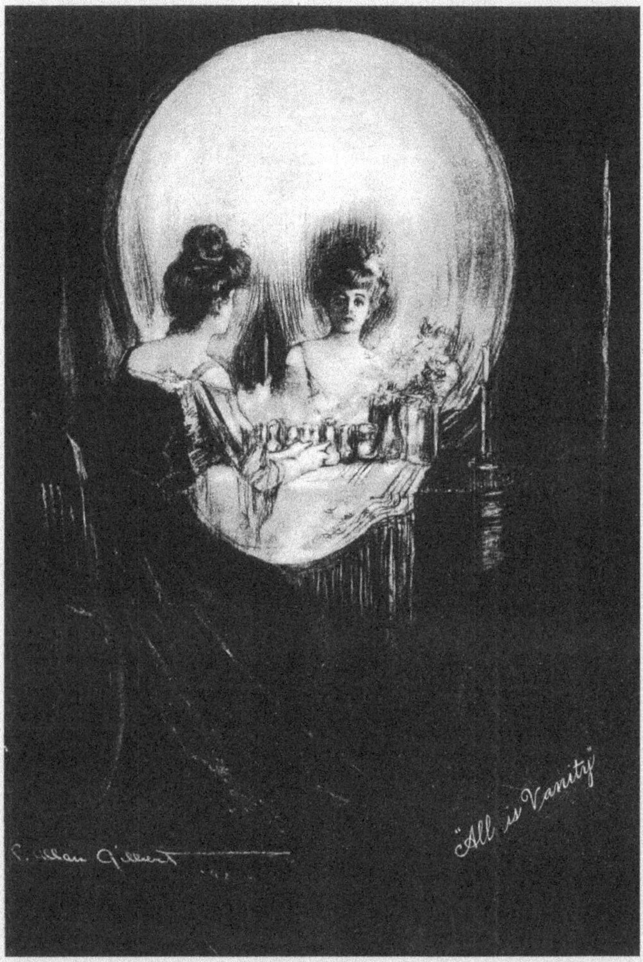

Wie unsere Wahrnehmung »kippen« kann, erleben wir augenfällig beim Betrachten von Vexierbildern. Schauen Sie die Abbildung auf S. 49 einmal aus verschiedenen Winkeln und Entfernungen an und Sie werden zwei ganz verschiedene »Wirklichkeiten« darauf erkennen: zwei sehr unterschiedliche Formen von »Eitelkeit«, auf die der Titel des Bildes (»All is vanity« – Alles ist eitel) sich bezieht.

Davon später mehr. Zuvor aber sind noch ein paar andere Fragen zu klären.
Zum Beispiel die folgenden.

4. Kapitel

Chefblockade Angst: Augen auf und durch!

Warum tue ich so oft Dinge, die ich eigentlich gar nicht mag? Und warum unterlasse ich so oft Dinge, die ich eigentlich sehr gern tun würde?
Die Antwort ist fast immer dieselbe: Weil ich die Hosen voll habe. Mit denen ist zwar gut stinken, doch leider nicht gut handeln.
Darum heißt die Devise: Augen *auf* und durch!

Chefblockade Angst

Angst an sich ist ja nichts Schlechtes, im Gegenteil. Sie ist das Frühwarnsystem, das uns die Natur mit auf den Weg gegeben hat, damit wir die Finger von solchen Dingen lassen, an denen wir uns dieselben womöglich verbrennen. So wie der Schmerz uns signalisiert, dass im Körper aktuell etwas nicht stimmt, sagt uns die Angst, dass im oder am Körper sehr bald etwas vielleicht nicht stimmen *könnte.* Völlig frei von Angst ist darum nur der Idiot.
Zugleich aber – und dieses Aber kann nicht groß genug geschrieben werden – ist Angst die Chefblockade des Lebens schlechthin. Sicherheit ist ihre Zuflucht. Sie ist der natürliche Feind alles Neuen. Sie blockiert die Sinne und das Denken. Ihr Wesen ist die Erstarrung.

Wo Angst regiert, kann keine Veränderung entstehen. In ihrem Schatten sterben die Ideen ab, verdorren die Gedanken, versiegen Kreativität und Zuversicht, erlahmen Arme und Beine. Angst hilft uns nur am Rande des Abgrunds. Dort verleiht sie uns manchmal Flügel. Ansonsten ist sie stets darauf bedacht, den Stillstand zu wahren.
Die Frage ist also nicht, ob ich Angst habe, sondern: Wie gehe ich mit ihr um? Wer beherrscht wen? Die Angst mich? Oder ich die Angst?

Quellen der Angst

Wohl kaum ein Mensch hat sich mit dem Thema Angst so intensiv auseinandergesetzt wie der Begründer der Psychoanalyse, Sigmund Freud. Auch wenn böse Zungen von dieser Wissenschaft behaupten, sie sei die Krankheit, die zu heilen sie vorgebe, können wir doch eine Menge von ihr lernen.
Angst, so Freud, speist sich aus drei Quellen: Wir ängstigen uns vor der übermächtigen Natur, vor dem inneren Zerfall, vor der äußeren Anfeindung. Die Bedrohung durch die Natur kann sich in alle Formen der Katastrophe kleiden, vom Hagelschlag bis zum Flugzeugabsturz. Die Furcht vor dem inneren Zerfall ist die Furcht vor Krankheit und Tod, die Urangst angesichts der eigenen Vergänglichkeit. Als die verbreitetste und zugleich überflüssigste Angst nennt Freud schließlich die soziale Angst, die Angst vor den oft gar nicht so lieben Mitmenschen.
In der Sprache des Alltags ausgedrückt, lassen sich also vor allem drei Arten von Ängsten unterscheiden: die Angst vor dem Verlieren (Angst vor der äußeren Übermacht), die Angst vor dem Versagen (Angst vor der eigenen Unzulänglichkeit), die Angst vor der Ablehnung (Angst vor den Mitmenschen).
So weit die Wissenschaft. In der Realität kümmert die Angst sich natürlich kaum um solche Unterscheidungen. Denn hier

tritt sie am liebsten in gemischten Formen auf, am allerliebsten in dreifacher Potenz.

Quelle Nr. 1: Angst vor dem Versagen

Ehepaare lassen sich scheiden, Kinder verlassen irgendwann ihre Eltern, Freundschaften gehen entzwei, doch ein Begleiter hält uns unverbrüchlich die Treue: die Angst vor dem Versagen.

Versagensängste erleben wir so oft, dass wir sie meist gar nicht mehr als solche registrieren. Nicht nur beim ersten Liebesspiel oder in sonstigen Examenssituationen, sondern auch und vor allem angesichts ganz alltäglicher Aufgaben. Zum Beispiel, wenn ich einen unangenehmen Anruf erledigen muss.

Angenommen, ich möchte eine fehlerhafte Rechnung reklamieren: Was stelle ich nicht alles an, um das Telefonat so lange wie möglich hinauszuzögern? Tausend Dinge, die ich schon immer erledigen wollte, fallen mir plötzlich ein – vom Wäschewaschen übers Schuheputzen bis zum Nägelschneiden – , und alle scheinen mir auf einmal tausendmal dringlicher als meine Reklamation.

So verbringe ich den lieben langen Tag damit, den Anruf vor mir herzuschieben. Bis mich ein Anfall von Heldenmut packt, genau fünf Minuten vor Feierabend. Todesverachtend greife ich zum Telefon, lasse drei- bis viermal klingeln. Kein Mensch mehr da? Gott sei Dank! Erleichtert lasse ich den Hörer auf die Gabel fallen.

Erleichtert? Nein, denn im Grunde meines Herzens weiß ich ja, dass ich ein Esel bin. Ob ich morgens oder abends den Mut aufbringe, zum Hörer zu greifen, macht keinen Unterschied. Ganz ohne Überwindung geht es nicht. Doch was für ein Unterschied, wie ich den Tag erlebe, je nachdem, ob ich das unangenehme Telefonat am Morgen oder am Abend hinter mich bringe! Die Uhr an der Wand tickt zwar davon unbeeindruckt vor sich hin, der Tag aber ist ein vollkommen anderer.

Merke: Lieber eine Sekunde die Angst überwinden als 24 Stunden mit der Angst leben!

Quelle Nr. 2: Angst vor dem Verlieren

Wichtiger als der Sieg, so heißt es im Sport, sei die Teilnahme. Doch was entscheidet über die Teilnahme? Meistens eben doch der Sieg – nämlich in der Qualifikation!

Diese Regel gilt nicht nur im Sport, sondern auch im so genannten wirklichen Leben. Niederlagen mögen uns stählen, aber nur, wenn es nicht allzu viele sind. Und es mag auch sein, dass ohne das Salz der Niederlage Siege ungenießbar werden. Doch was nützt mir der schönste Sieg, wenn tausend unschöne Niederlagen ihn mir versalzen?

Nein, machen wir uns nichts vor: Kein Mensch hat Spaß am Verlieren. Und das aus einem guten Grund. In der Niederlage bekommen wir unsere Ohnmacht zu spüren. Wir fühlen uns wie Loser, und weil wir uns so fühlen, werden wir auch so angesehen.

Die Sache hat nur einen Haken: Wer sich nicht traut zu verlieren, hat auch keine Chance zu gewinnen. Wer aus Angst vor einem Börsencrash aufs Sparbuch statt auf Aktien setzt, an dem geht jeder Boom vorbei, und wer nicht bereit ist, fünf Euro zu riskieren, wird nie ein Lottokönig sein.

Merke: Siegchancen kann ich mir nur erarbeiten, wenn ich mich immer wieder selbst – sprich: meine Angst – besiege.

Quelle Nr. 3: Angst vor der Ablehnung

Der antike Philosoph Aristoteles hat es als Erster auf den Punkt gebracht: Der Mensch ist ein »zoon politikon«, zu deutsch: ein Herdentier. In der Herde bestimmt er sein Selbstwertgefühl, je nach Rang und Anerkennung, die er in der Gemeinschaft genießt.

Und welches Männchen genießt in der Herde den höchsten Rang, die meiste Anerkennung? Das Alphatier, wie die Verhaltensforscher das Leittier nennen. Ob im Wolfsrudel, im Hühnerstall oder im Menschenpark: Supermann ist, wen die Weibchen super finden.

Darum ist die Angst vor der Ablehnung nirgendwo so ausgeprägt wie in dem Lebensbereich, der uns zugleich das höchste Glück auf Erden verspricht: im Verhältnis der Geschlechter. Wir Männer erleiden diese Wahrheit bei jedem Disko-Besuch. Wie viele Stunden verbringen wir vor dem Spiegel, um in Kleidung, Gestik und Mimik die optimale Coolness sicherzustellen? Doch wenn wir die Disko betreten, nimmt keine Frau davon Notiz, nicht mal die lässige Haltung auf dem Barhocker – das Bier in der einen, die Zigarette in der anderen Hand, die linke Augenbraue hochgezogen wie Brad Pitt – kann den nötigen Eindruck schinden.

Cool dasitzen reicht also nicht aus. Wir müssen etwas tun. Doch was, um Himmels willen? Der schweifende Blick fällt auf eine Blondine am Tresen gegenüber. Vielleicht sollte man sie ansprechen? Sicher, aber dafür braucht man einen guten Spruch, sonst verdirbt man sich die Tour, bevor es überhaupt losgeht. Also erst mal nachdenken, man will sich schließlich nicht blamieren. Verzweifelt durchforstet das Gehirn seine grauen Zellen nach einer Idee. Ein Königreich für einen guten Spruch!

Endlich ist sie da, die glänzende Idee. Der Spruch wird die Blondine glatt vom Hocker hauen. Doch leider ist das nicht mehr nötig. Denn sie ist bereits auf die Tanzfläche verschwunden, wo sie eng umschlungen mit einem absolut uncoolen Langweiler tanzt, der allerdings die Frechhheit hatte, sie aufzufordern.

Merke: Lieber unvollkommen begonnen als perfekt gezögert!

Das große Fragezeichen

»Furcht«, so das Fazit des amerikanischen Philosophen Ralph Waldo Emerson, »besiegt mehr Menschen als irgend etwas anderes auf der Welt.«

Traurig, aber wahr. Die Angst hat eine solche Macht über uns, dass wir manchmal sogar Angst vor der eigenen Courage kriegen. Aus diesem einfachen Grund versagen Sportler so oft vor dem ganz großen Erfolg.

Stellt sich also die Frage: Was kann ich gegen meine Angst tun?

Im Kreis der Gewohnheiten

»Erziehung ist eine wunderbare Sache, doch muss man sich von Zeit zu Zeit besinnen, dass nichts, was von Wert ist, gelehrt werden kann.« Betrachtet man die Ratschläge der meisten Pädagogen und Psychologen zum Thema Angst, ist man geneigt, Oscar Wilde beizupflichten. Denn ihre Methoden basieren in der Regel auf Vermeidungsstrategien. Wie aber soll ich lernen, meine Ängste zu überwinden, wenn ich vermeide, wovor ich mich fürchte?

Wie das Männchen in seinem Kreis bin ich gefangen im Kreis meiner Gewohnheiten, umgeben von einer roten Linie (in der Abbildung grau dargestellt). Der Kreis umfasst meinen vertrauten Lebensbereich, die »Komfortzone« aus Routine und Alltag, die ich nicht verlassen will. Darin sind all die Dinge, die mir Sicherheit geben: Erfahrung, Wissen, Wohlgefühl, Geborgenheit, Schutz, Sicherheit. In dieser Zone kenne ich mich aus, hier weiß ich Bescheid. Hier habe ich die Dinge im Griff. Die rote Linie heißt Unsicherheit, Angst, Risiko.
Der Nachteil ist nur: Die aufregenden Dinge des Lebens, die Chancen, die mich weiter bringen, das Wachstum meiner Persönlichkeit, Abenteuer und Spaß, Lust und Leidenschaft, neue Perspektiven – kurz, alles, wozu es sich zu leben lohnt, ist meist außerhalb des Kreises angesiedelt!

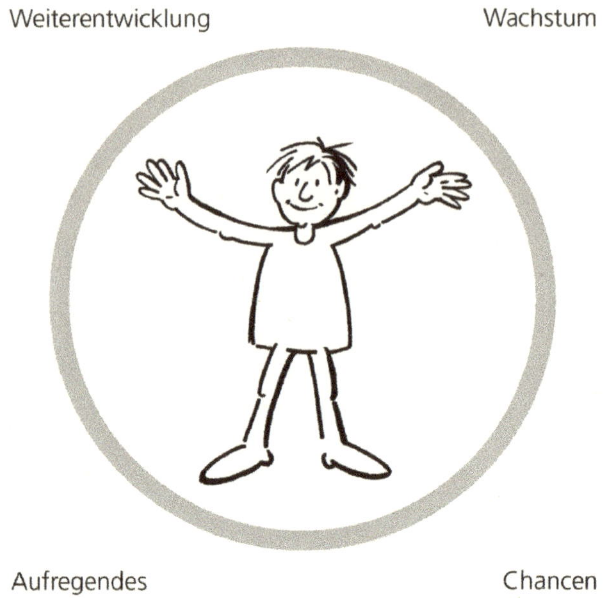

Weshalb sich jeder fragt: Wie komme ich da dran?

Selbstbegrenzungen

»Es gibt keine Grenzen«, hat der schwedische Filmregisseur Ingmar Bergman einmal gesagt. »Nicht für den Gedanken, nicht für die Gefühle. Die Angst setzt die Grenzen.«
Diese Selbstbegrenzung ist geradezu sprichwörtlich. »Das kann ich nicht«, sage ich leicht, wenn man mir eine Aufgabe stellt, die ich bislang noch nicht gelöst habe. Weil ich Angst habe, an der Aufgabe zu scheitern und damit das Gefühl der Sicherheit zu verlieren. Und von dem unscheinbaren Satz »Das kann *ich* nicht« zu seinem anmaßenden Bruder »Das kann *man* nicht« ist es dann nur noch ein Schritt.
Dieser Schritt ist entscheidend. Denn er markiert die Verallge-

meinerung einer individuellen Erfahrung zu einem absolut gültigen Gesetz: Eine Erfahrungsgrenze wird, um die Begriffe des amerikanischen Psychologen Warschawski zu benutzen, zur Ideengrenze. Und schon heißt es: »Das geht nicht!«

Die Tatsache, dass kein Mitglied meiner Familie es je zum Millionär gebracht hat, ist zum Beispiel eine Erfahrungsgrenze. So bedauernswert sie mir auch scheinen mag, schränkt sie mich auf meinem Weg zum Reichtum doch nicht ein. Schädlich wird die Sache erst, wenn ich daraus den Umkehrschluss ziehe: dass kein Mitglied dieser Familie es je zum Millionär bringen *kann.* Dann bleibt mir der Weg zum Reichtum auf alle Zeiten verbaut, weil ich ja zu dieser Familie gehöre. Dann stehe ich vor einer Ideengrenze.

Die meisten Grenzen, denen ich gegenüberstehe, sind solche Ideengrenzen: Projektionen meiner Skepsis und Selbstzweifel. Das Fatale daran ist: Diese Grenzen sind so unverrückbar wie die Chinesische Mauer. Weil sie nicht als Hindernisse in der äußeren Wirklichkeit, sondern als Blockaden in meinem eigenen Kopf festsitzen.

Raus aus dem Kreis

Noch einmal also die Kardinalfrage: Wie kann ich lernen, die Grenzen, die mir meine Ängste auferlegen, zu überwinden?

Am besten, indem ich aus dem Kreis ausbreche (siehe Grafik auf der vorhergehenden Seite)!

Gewiss, ein solcher Ausbruch bedeutet Unsicherheit, Angst und Risiko. Schließlich kann bei jedem Versuch etwas schief gehen. Aber unabhängig davon, ob der Versuch schief geht oder nicht: Was passiert mit dem Kreis, wenn ich ausbreche? Der Kreis wird größer!

Mit diesem vergrößerten Radius wächst die Summe meiner Erfahrungen, meines Wissens, meiner Sicherheit. Will ich an Erfahrung, an Wissen, an Sicherheit wachsen, muss ich das, was ich davon in meinem Leben gehabt habe, also loslassen:

Sicherheit beim Fahrrad fahren kann ich nur erlangen, wenn ich mich auf die Unsicherheit der ersten Meter einlasse!

Die Alternative

Den Kreis durchbrechen heißt: Ich überwinde die alten Grenzen in meinem Kopf, indem ich neue Erfahrungen mache.
Dabei habe ich stets zwei grundsätzliche Möglichkeiten: Entweder wage ich den Sprung ins kalte Wasser und riskiere genau dort Kopf und Kragen, wo ich im wirklichen Leben die Hosen voll habe, oder aber ich taste mich langsam ans wirkliche Leben mit meinen wirklichen Ängsten heran, indem ich mir künstliche rote Linien ziehe, um sie stellvertretend für all die anderen roten Linien, die mich in meinem Alltag einschränken, zu überschreiten.
Denn auf die Gefahr hin, Oscar Wilde zu widersprechen: Ein paar nützliche Ideen haben die Pädagogen im Lauf der Geschichte sehr wohl entwickelt. Zum Beispiel das Konzept des exemplarischen Lernens.

Exemplarisches Lernen

Exemplarisches Lernen heißt: Ich tue A, um B bis Z im Prinzip zu können. Statt Vollständigkeit anzustreben, konzentriere ich mich beim exemplarischen Lernen auf eine bestimmte einzelne Erfahrung und exerziere diese in aller Gründlichkeit durch, um sie sodann auf andere, ähnliche Erfahrungen zu übertragen. Wenn ich zum Beispiel gelernt habe, wie eine Rinderbratensauce geht, habe ich auch gute Aussichten, eine Schweine-, Reh-, Wildschwein-, Hasen- oder Kalbsbratensauce zuzubereiten.
Was bedeutet das für das Thema Angst? Ganz einfach: Ich

schaffe mir künstlich eine Situation, in der ich aller Wahrscheinlichkeit nach Angst empfinden werde, ziehe also eine künstliche rote Linie zu keinem anderen Zweck, als sie »trainingshalber« zu überschreiten.
Aber was hat das mit meinen »eigentlichen« Ängsten zu tun? Mit meiner Angst, dem Chef die Meinung zu sagen, mit meiner Angst, nachts allein ins Parkhaus zu gehen, mit meiner Angst, wenn eine Prüfung bevorsteht?
Mehr, als ich glaube. Denn es geht nicht um die jeweilige Situation, in der ich gerade Angst habe, sondern es geht um die Angst selbst. Beziehungsweise darum, wie ich mit meiner Angst umgehe.

Erlebnislernen

Die Lernformel der alten Pädagogik lautete »Dauer mal Häufigkeit«. Auf diese Weise haben die meisten von uns Lesen und Schreiben gelernt: Je länger ich mich mit etwas beschäftige und je öfter ich diesen Prozess wiederhole, desto besser »sitzt« der Stoff.
Die moderne Pädagogik hat die alte Lernformel ergänzt. Die neue lautet nun: »Dauer mal Häufigkeit mal emotionale Intensität«. Das bedeutet: Je mehr Gefühle beim Lernen ins Spiel kommen, desto weniger wichtig werden Dauer und Häufigkeit.
»Gebranntes Kind scheut das Feuer!« Diese Redensart bringt das Erlebnislernen auf den Punkt. Wer einmal an eine heiße Herdplatte gefasst hat, muss diese Erfahrung weder viele Stunden lang machen, noch muss er sie mehrmals wiederholen. Eine Sekunde reicht, und er hat für sein Leben gelernt, dass er sich hier die Finger verbrennt.
Wie lerne ich also, mit meiner Angst umzugehen?

Über glühende Kohlen

Ein exemplarisches Erlebnis der ganz besonderen Art ist der Feuerlauf. Tausende von Menschen lassen sich Jahr für Jahr auf dieses Wagnis ein. Obwohl heute manchmal zu Spektakelzwecken missbraucht, ist der Feuerlauf in den unterschiedlichsten Kulturen verwurzelt, zum Teil schon seit Jahrtausenden. Ob bei den Mayas, den Indern oder auf Mauritius, im alten Ägypten oder in New York: Überall auf der Welt wurde und wird der Feuerlauf praktiziert.

Weshalb diese Wertschätzung rund um den Globus für ein so extremes Ritual? Denn was habe ich überhaupt davon, über Feuer laufen zu können? Erst einmal gar nichts. Die Fähigkeit als solche bringt keinen Vorteil für mein Leben. Und doch macht es Sinn, über glühende Kohlen zu gehen. Weil ich dabei zwei Dinge lerne, exemplarisch und mit hoher emotionaler Intensität: wie ich meine Angst überwinde und was für ein großartiges Gefühl es ist, wenn es mir gelingt.

Wenn sich beim Feuerlauf die ersten Freiwilligen melden, regt sich auch in mir die Neugier, eine zögerliche Bereitschaft. Warum eigentlich nicht? Was andere können, kann ich doch auch – oder? Doch kaum habe ich mich gemeldet, die ersten Kandidaten ziehen sich gerade ihre Schuhe und Strümpfe aus, um ihre nackten Füße den glühenden Kohlen auszusetzen, kriecht in mir die Angst hoch, und je weiter ich in der Reihe aufrücke, um so mehr wächst in mir ein großes, übergroßes Wort heran: NEIN!

Plötzlich bin ich der einsamste Mensch auf der Welt. Kein breiter Rücken mehr vor mir, der mich abschirmt, vor mir nur noch die lange, dunkelrot glühende Strecke, und die Gesichter der anderen, die mich erwartungsvoll anschauen. Die Knie werden weich, das Herz pocht mir bis zum Hals, die Zähne schlagen aufeinander. Egal! Meine Entscheidung steht fest, jetzt will ich es wissen! Todesmutig wage ich den ersten Schritt.

Dann geht's weiter, wie von allein – denn stehenbleiben hilft nun ganz und gar nicht.
Und auf einmal, nur wenige Sekunden später, habe ich es geschafft, das schier Unmögliche! Nichts ist mehr, wie es vorher war. Angst vor dem Chef, Angst vor dem Parkhaus, Angst vor der Prüfung? Wie weggeblasen! Ich fühle mich stark wie ein Bär.

Merke: Wenn du nicht manchmal das schier Unmögliche tust, wirst du das Mögliche nie erreichen!

Probe aufs Exempel: Übung 7

Wollen Sie selber ausprobieren, wie es ist, an eine rote Linie zu stoßen? Und wie viel Spaß es macht, sie zu überwinden? Dann versuchen Sie doch mal, die hier abgebildeten neun Punkte durch vier gerade Linien miteinander zu verbinden, ohne dabei den Stift abzusetzen.

Wenn Sie das Spiel schon kennen, versuchen Sie es doch mal mit nur drei geraden Linien, ohne abzusetzen. Und falls Sie auch das schaffen: Es gibt auch Lösungen mit nur zwei und sogar eine Lösung mit nur einer geraden Linie (wobei die mit einer Linie leichter als die mit zwei Linien ist).
Auflösung siehe Seite 188

Das Ergebnis bei diesem Spiel ist meistens: Entweder es bleibt ein Punkt übrig, oder es fehlt ein Strich. Und wenn dies der Fall ist, dann in der Regel aus ein und demselben Grund: Wir wollen nicht über Grenzen gehen. Auch wenn uns niemand eine Grenze vorgegeben hat.

Wettlauf ums Leben

Ach so, ein Feuerlauf kommt für Sie nicht in Frage? Weil nur Siegertypen solche Sachen machen, Sie sich selber aber nicht für einen Siegertyp halten?
Dann denken Sie einmal an Ihren Geburtstag oder, genauer, an den Tag Ihrer Geburt oder, um ganz genau zu sein, an den Tag, der Ihrem Geburtstag neun Monate vorausging. Sind Sie sich eigentlich bewusst, was für ein großartiges Ereignis sich an diesem Tag (beziehungsweise in dieser Nacht) abspielte?
Folgendes ist damals passiert. Ein mikroskopisch kleines Wesen, das bereits die Hälfte Ihrer kompletten Erbanlagen enthielt, trieb im warmen Saft des Lebens, zusammen mit ungefähr 500 Millionen zappelnder Kollegen, die alle seine Konkurrenten waren. Denn all diese winzig kleinen Wesen schwammen in dieselbe Richtung, in eine tiefe Höhle hinein, auf ein gemeinsames Ziel zu. Sie schwammen um die Wette, mit aller Macht, als ginge es ums Leben – worum es natürlich auch ging. Die Chancen standen also für jeden der 500 Millionen Rivalen 1 zu 499 999 999. Und jetzt raten Sie mal, wer dieses Wettrennen gewann. Richtig – niemand anderes als Sie! Und da wollen Sie ernsthaft behaupten, Sie wären kein Siegertyp?
Wenn Sie das wirklich noch behaupten, haben Sie guten Grund, das nächste Kapitel zu lesen. Denn vielleicht haben Sie nur das Problem, dass Sie einfach zu viel denken.

5. Kapitel

Mentale Einstellung: Wenn's anfängt, fängt's im Kopf an!

Der Mensch ist ein seltsames Tier. Er kann nicht nur etwas tun, er kann auch mit Bedacht tun, was er tut; das heißt, bevor er blindlings drauflos handelt, überlegt er (zumindest ab und zu), wie er's wohl am besten anstellt. So kann er sein Handeln kontrollieren und verbessern, Schritt für Schritt. Doch das Denken macht nicht nur den Glanz des Menschen aus, sondern oft genug auch sein Elend. Denn nicht selten tut er des Guten zuviel. Und zerbricht sich dabei manchmal mehr als nur den Kopf.

Der Tausendfüßer

Es war einmal ein Tausendfüßer. Der hatte zwar nicht tausend, doch immerhin 386 Beinchen, und das ist auch schon eine ganze Menge.
Dem Tausendfüßer war das allerdings egal. Ihn interessierte nicht die Anzahl seiner Gliedmaßen, sondern nur die hübsche Tausendfüßerin in seiner Nachbarschaft, und wann immer er sich nach ihr sehnte, nahm er seine 386 Beine unter den Arm und machte sich zu ihr auf den Weg.
Dabei kam er stets an einer Schnecke vorbei, die zwei Häuser

weiter wohnte. Die Schnecke beneidete ihn sehr um seinen leichtfüßig tänzelnden Schritt und wollte es ihm gleichtun. Doch wie sie auch übte und sich quälte, es gelang ihr einfach nicht.

Darüber wurde sie so wütend, dass sie dem Tausendfüßer sein Glück mehr und mehr missgönnte, bis sein Anblick ihr fast unerträglich wurde. Schließlich war sie nur noch von einem Gedanken beseelt: Sie musste seinem Treiben ein Ende machen! Nur, um Himmels willen, wie?

Plötzlich hatte sie eine Idee, und als der Tausendfüßer sich eines Tages wieder ihrem Haus näherte, schleimte sie sich an ihn heran.

»Sag mal, wie machst du das eigentlich mit deinen vielen Beinchen?«, fragte sie ihn scheinheilig. »Das muss doch wahnsinnig schwer sein, dass sie nicht durcheinandergeraten?«

Verdutzt blieb der Tausendfüßer stehen. »Ja, wie mache ich das eigentlich?«, fragte er sich. »Darüber habe ich noch nie nachgedacht.«

»Dann solltest du das aber mal tun«, erwiderte die Schnecke.

»Also«, sagte der Tausendfüßer. »Als erstes hebe ich das vordere linke Bein – oder ist es das rechte? Nein, ich glaube, als erstes das dritte von hinten rechts …«

Noch während er sprach, versuchte er, sich in Bewegung zu setzen, doch vergebens, es war mit seiner Kunst vorbei. Sämtliche 386 Beinchen gerieten heillos durcheinander, die einen marschierten nach rechts, die andern nach links, die einen vorwärts, die andern rückwärts, und jedes Beinchen im eigenen Takt. Und je angestrengter der Tausendfüßer nachdachte, wie er früher seine Füße gesetzt hatte, desto größer wurde das Durcheinander: Er hatte verlernt zu laufen – ein für allemal.

Und seitdem wartet die hübsche Tausendfüßerin vergeblich auf seinen Besuch.

Verkrampfungen

Uns Menschen geht es oft ähnlich wie diesem Tausendfüßer. Kaum mache ich mir bewusst, wie ich etwas tue, geht die Sache schief.

Zum Beispiel beim Schreiben auf meinem Computer. Ich muss dabei zwar keine 386 Beinchen, sondern nur acht Finger und zwei Daumen miteinander koordinieren, trotzdem ist es fast ein Wunder, dass ich damit so traumwandlerisch in die Tasten greife: Ich brauche die Worte »Träume wagen« nur zu wollen – und schon stehen sie vor mir auf dem Bildschirm.

Doch wehe, ich versuche, meine Finger zu sortieren! Dann werde ich zunehmend konfus, fange an zu verkrampfen, und das Resultat auf dem Monitor sieht ungefähr so aus: »asdfljöa<df«. Und was für eine Kakophonie erklingt, wenn der Klavierspieler überlegt, welche Muskeln und Sehnen er nun wie bewegen soll, damit die Noten vor ihm auf dem Blatt durch seine Finger zu Tönen werden.

Ach so, Sie schreiben weder mit zehn Fingern am Computer noch spielen Sie Klavier? Nun, dann füllen Sie mal eine Tasse bis zum Rand mit heißem Kaffee. Und balancieren Sie die Tasse auf der Untertasse, ohne Kaffee zu verschütten, von der Küche ins Wohnzimmer. Wenn Sie dabei mit jemandem sprechen oder einen Song mitpfeifen, der gerade im Radio spielt, haben Sie vielleicht eine Chance, heil ans Ziel zu gelangen. Doch sicher nicht, wenn Sie sich den ganzen Weg darauf konzentrieren, dass der Kaffee in der Tasse bleibt.

Irren ist männlich

Der Tausendfüßer-Effekt tritt in besonderem Maß – zumindest behauptet das die Statistik – bei solchen Gelegenheiten auf, zu denen sich der Tausendfüßer, als er noch laufen konnte, zu sei-

ner hübschen Nachbarin auf den Weg machte. Und bei diesen Gelegenheiten kranken in besonderem Maß wir Männer an dem besagten Phänomen – zumindest behaupten das die Frauen.
Dabei meinen wir es doch gerade so gut. Wir konzentrieren uns, strengen uns an, richten unsere ganze Willenskraft darauf, es den Frauen recht zu machen. Und schon ist es passiert!
Wie hat der Arzt und Dichter Gottfried Benn einmal gesagt? »Kunst ist das Gegenteil von gut gemeint.«

Spiel, Satz und Sieg

Keine Frage: Wir denken, um unser Handeln zu verbessern. Doch schon Juliane Werding sang vor Jahren: »Wenn du denkst, du denkst, ja dann denkst du nur, du denkst.« Denn oft genug verhält sich die Sache gerade umgekehrt: Statt mit Denken besser zu handeln, vermasseln wir das Handeln vor lauter Denken.
Das gilt nicht nur für die gewisse Voreiligkeit, die uns Männern gelegentlich nachgesagt wird, sondern bei fast allen komplexen körperlichen Verrichtungen. Zum Beispiel beim Aufschlag im Tennis.
Da gibt es manchmal Spieler, die servieren ein As nach dem anderen, wie im Traum. Wenn ich dabei auf der anderen Seite des Netzes stehe, wird der Traum bald zum Alptraum. Doch es gibt einen ebenso fiesen wie wirkungsvollen Trick, um dem Spuk ein Ende zu bereiten.
Dazu brauche ich meinem Gegner beim Seitenwechsel nur ein Kompliment zu machen: »Dein Aufschlag ist heute ja unglaublich! Wie machst du das bloß? Wirklich sagenhaft!«
Noch während ich spreche, beginnt es im Kopf meines Gegners sichtlich zu arbeiten. Und sobald er wieder aufschlägt, kann ich anfangen, seine Doppelfehler zu zählen.

Archimedes' Problem

Zu viel Denken schadet dem Handeln – doch nicht nur dem Handeln. Denken schadet oft sogar dem Denken selbst. Vor allem dann, wenn einem um jeden Preis etwas einfallen soll.
Diese Erfahrung machte vor rund 2200 Jahren Archimedes, einer der berühmtesten Physiker und Mathematiker des Altertums. Den rief eines Tages sein König Hiero zu sich. Der König hatte gerade eine neue Krone bekommen, doch war er darüber gar nicht glücklich. Denn ihn bedrückte ein schlimmer Verdacht: Hatte der Goldschmied der Krone, die doch aus reinem Gold sein sollte, etwa Silber beigemischt, um sich zu bereichern?
Diese Frage stellte Archimedes vor ein überaus schwieriges Problem. Das spezifische Gewicht von Gold und Silber war zwar bekannt. Aber wie in aller Welt sollte er den Rauminhalt der Krone mit ihren vielen unregelmäßigen Zacken berechnen?

Heureka!

Archimedes grübelte bei Tag und bei Nacht, schließlich saß ihm sein König im Nacken, und den Kopf auf diesem Nacken würde er nur weiter tragen dürfen, wenn ihm eine Lösung des Problems einfiel. Doch wie sollte ihm bei diesem Stress die Erleuchtung kommen?
Vor lauter Denken war Archimedes bald kaum noch imstande, auch nur einen klaren Gedanken zu fassen. Bis seine Frau ihn zu seinem und der Menschheit Glück ins Badehaus schickte.
Mit einem Seufzer ließ er sich in die Wanne sinken. Und in diesem Augenblick, als er endlich den König König und die Krone Krone sein ließ, kam der ersehnte Geistesblitz. Er sah, wie das Wasser in der Wanne stieg, und zwar genau in dem Maß, wie

er selber darin eintauchte. Das war die Lösung: Der Rauminhalt seines eigenen, ziemlich unregelmäßigen Körpers entsprach exakt dem Volumen des verdrängten Wassers. Und das konnte er Länge mal Breite mal Höhe berechnen.
»Heureka! Ich hab's!« Mit diesem Ruf sprang er aus der Wanne, wie Zeus ihn erschaffen hatte, und eilte durch Athen zu seiner Frau. Sie hatte ihn vom Denken kuriert – und erst dadurch seinen bahnbrechenden Gedanken ermöglicht.

Loslassen

Da plantschte also vor rund 2200 Jahren ein Grieche in der Badewanne – und was ist daraus geworden? Das Archimedische Prinzip des statischen Auftriebs. Die Flotten der Weltmeere verdanken dieser Erkenntis ihre Existenz: Frachtschiffe, Kriegsschiffe, Traumschiffe ...
Müssen wir uns also nur in die Badewanne legen, um die Welt mit solchen Erkenntnissen zu beglücken? Schön wär's! Ohne Denken keine Gedanken – doch wenn wir nicht ab und zu loslassen, haben die Gedanken keine Chance, sich zu entfalten. Das tun sie erst im Wechselspiel von Anspannung und Entspannung, von Zupacken und Loslassen.
Denken ist die Arbeit des Verstandes, Träumen sein Vergnügen. Dabei geht es uns wie dem Tausendfüßer beim Laufen: Zu viel Denken schadet nur. Die besten Geistesblitze stellen sich meistens dann gerade ein, wenn wir das Denken mal ein wenig lassen und zu träumen anfangen. Beim Bügeln, in der Badewanne – oder auf der Toilette.
Warum? Wahrscheinlich, weil wir dort nur relativ geringe intellektuelle Erwartungen an uns stellen. Und vielleicht auch, weil wir dort, statt uns unter Druck zu setzen, denselben abgeben und einfach mal loslassen.

Goethe, der Tausendfüßer

Jeder hat das schon einmal erlebt: Man sucht nach einem Wort, nach einem Namen, nach einem Begriff. Doch der fällt einem partout nicht ein. Schlimmer noch: Je fester man darüber nachdenkt, umso weiter entfernt man sich von der Lösung. Dann gibt man es auf, widmet sich einer anderen Tätigkeit – und plötzlich macht es »klick«, das Wort ist wieder da.

Das ging sogar Goethe so, dem größten Dichter und Denker im Land der Dichter und Denker. An welchen mehr oder weniger stillen Orten er seine besten Einfälle hatte, wissen wir nicht. Sehr wohl aber wissen wir, was er vom Denken hielt. Und das war – man glaubt es kaum – gar nicht mal so viel.

Goethe war bekanntlich nicht nur ein großer Schriftsteller, sondern noch eine ganze Menge mehr: Biologe und Jurist, Geologe und Philosoph, Geheimrat und Minister – um nur ein paar seiner vielen Berufe zu nennen, in denen er sich erfolgreich betätigte. »Wie hast dus denn so weit gebracht?« fragt er sich darum in den *Zahmen Xenien*, um zwei Verse weiter sich selbst darauf die Antwort zu geben, in bester Tausendfüßer-Manier: »Mein Kind! Ich hab es klug gemacht: Ich habe nie über das Denken gedacht.«

Konzentration

Wenn's anfängt, fängt's im Kopf an – im Guten wie im Schlechten. So unverzichtbar das Denken ist, um etwas Vernünftiges zu tun, so sehr kann es uns schaden, wenn wir uns statt mit der Sache, auf die es gerade ankommt, mit dem Denken selbst beschäftigen.

Sicher ist das eine Frage der Konzentration. Doch was ist Konzentration? »Geistige Anspannung«, definiert der Duden, »höchste Aufmerksamkeit, die auf eine bestimmte Tätigkeit

o. ä. gerichtet ist.« Entscheidend dabei ist, dass die Aufmerksamkeit allein der Tätigkeit gilt, nicht aber sich selbst. Denn sobald das passiert, bin ich buchstäblich »neben der Kappe«, werde ich zum Beobachter meiner selbst. Und schon tropft der Kaffee aus der randvollen Tasse in meiner Hand auf meine frisch gewaschene Hose.

Merke: Konzentration ist, wenn ich etwas tue und (während ich das tue) nicht darüber nachdenke, wie ich das tue. Sondern tue, tue, tue.

Probe aufs Exempel: Übung 8

Sind Sie sicher, dass Sie zehn Meter auf ebenem Boden geradeaus laufen können? Natürlich können Sie das – aber nur, solange Sie sich nicht den Kopf darüber zerbrechen. Sie glauben das nicht? Dann probieren Sie es aus! Mit einer eigenen kleinen Tausendfüßer-Übung.

Nehmen Sie den nächstbesten Bürgersteig, der mit ca. dreißig Zentimeter breiten Platten belegt ist. Versuchen Sie nun, innerhalb dieser Breite von dreißig Zentimeter zu laufen, sagen wir zehn Meter weit. Kein Problem? Natürlich nicht! Sie sind ja nicht betrunken.

Suchen Sie sich bitte anschließend eine Mauerkrone oder einen Steg (jeweils ohne Geländer) von derselben Breite (ca. dreißig Zentimeter), auf der Sie über oder neben einem »Abgrund« (es genügt bereits eine »Fallhöhe« von fünfzig Zentimetern) dieselbe Strecke (zehn Meter) zurück legen. Spüren Sie (vielleicht schon in der Vorstellung), wie Ihre Beine Ihnen den Dienst versagen? Obwohl sich doch – abgesehen von der Höhe – nichts verändert hat?

Warum können Sie plötzlich nicht mehr laufen? Ganz

einfach, weil es Ihnen so geht wie dem Tausendfüßer. Statt zu laufen, denken Sie übers Laufen nach: was alles passieren könnte, wenn Sie auch nur einen winzigen Fehlschritt machen. Und schon ist es mit dem Laufen vorbei. Es sei denn, Sie sind betrunken.

Die Einheit

Worauf alles ankommt: dass Denken und Handeln eine Einheit bilden, keinen Gegensatz, sondern eine Symbiose.
»Es bleibt daher wohl nichts weiter übrig«, so noch einmal Goethe, »als zu tun, was unsere Vorfahren getan haben: nicht zu handeln, ohne zu denken, und nicht zu denken, ohne zu handeln.«
Dieses Ziel beschreibt in allen Kulturen das Ideal. Der Zen-Buddhismus nennt diesen Zustand »absichtslose Konzentration«, die Aufmerksamkeit, die ganz im Tun aufgeht und die jedes Kind erlebt, das an einem warmen Sommernachmittag Stunden jenseits der Zeit damit verbringt, am Bach ein Wehr oder im Sandkasten eine Burg zu bauen. »Sei so ernst bei der Arbeit wie das Kind beim Spiele«, rät darum der Philosoph Friedrich Nietzsche. Weil wir nur so in der Arbeit auf- statt untergehen.

Kompetenzstufen

Erst denken, dann handeln? Sicher, doch bitte in dieser Reihenfolge. Je mehr das Denken im Tun aufgeht, desto sicherer werde ich in meiner Handlungskompetenz. Dabei kann ich vier Kompetenzstufen unterscheiden:

1. **Unbewusste Inkompetenz.** Das Anfängerglück: Ich weiß nicht, wie's geht, also mache ich es perfekt. Obwohl ich noch nie auf einer Kegelbahn war, räume ich beim ersten Versuch alle Kegel mit einem einzigen Wurf ab.
2. **Bewusste Inkompetenz.** Die herbe Enttäuschung: Nach dem ersten Glückstreffer glaube ich, ich sei zum Kegeln geboren. Also will ich es noch besser machen, doch je besser ich es machen will, desto weniger klappt es. Ich begreife, dass ich keine Ahnung habe und das Kegeln lernen muss.
3. **Bewusste Kompetenz.** Das redliche Bemühen: Ich lerne die Regeln der Kunst. Ich weiß jetzt, wie's geht, doch wehe, ich bin für eine Sekunde nicht bei der Sache. Schon geht wieder alles schief. Schritt für Schritt vervollkommne ich meine Fertigkeiten zu einem ordentlichen Kegler.
4. **Unbewusste Kompetenz**. Die traumwandlerische Sicherheit: Ich hab's in Fleisch und Blut. Mein Körper weiß, was er zu tun hat, und braucht keine Anweisungen mehr vom Kopf. Im Gegenteil, bewusste Kommandos stören jetzt nur. Leib und Seele sind eins, gemeinsam auf ein Ziel ausgerichtet, so dass alle Bewegungen auf das Ziel hinführen.

Merke: Wer nicht nachdenkt, bevor er etwas tut, lässt besser alles Handeln sein; doch wer einmal angefangen hat zu handeln, darf und soll getrost das Denken vergessen, anstatt sich den Kopf über sein Handeln zu zerbrechen.

Denn mit dem Kopf zerbricht er wahrscheinlich auch sein Glück. Doch damit sind wir bereits bei einem anderen Thema. Beziehungsweise im nächsten Kapitel.

6. Kapitel

Die Jagd nach dem Glück: Wozu tue ich, was ich tue?

»Alle rennen nach dem Glück«, so der Dichter Bertolt Brecht, »doch das Glück rennt hinterher.«
Dass Glück ein rares Gut auf Erden ist, erkennt man unschwer an der Nachfrage. Glücklich sein will jeder Mensch: der Dicke genauso wie der Dünne, der Große wie der Kleine, der Arme wie der Reiche, der Starke wie der Schwache, der Intelligente wie der Dumme. Ob ich das Glück verachte oder vergöttere, ob ich es tausendfach erlebt oder tausendfach verpasst habe: Ich fühle mich von ihm angezogen wie das Pferd vom heimischen Stall.

Das höchste der Gefühle

Der Grund dafür ist uns in die Wiege gelegt. Glück ist das höchste der Gefühle, das Gefühl, dem gegenüber alles andere nur Mittel zum Zweck ist.
Warum gehe ich zur Arbeit? Um Geld zu verdienen. Wozu verdiene ich Geld? Um frei und unabhängig zu sein. Oder um mir bestimmte Dinge zu kaufen. Oder um meine Familie zu ernähren.
Warum aber will ich frei sein? Weil ich mich unfrei total unglücklich fühlen würde. Warum will ich mir bestimmte Dinge kaufen? Weil ich glaube, dass ich mich über ihren Besitz freuen

würde. Warum will ich für meine Familie sorgen? Weil es mich todtraurig machen würde, wenn meine Frau und meine Kinder nichts zu essen hätten.
Kurz: Was immer ich tue – ich tue es, um Unglück zu vermeiden und Glück zu erreichen. Denn wie jeder Mensch bin ich nach dem Glücksprinzip gebaut. Die Suche nach dem Glück ist das, was mich ständig drängt und treibt, was mich zieht und zerrt. Doch was, zum Himmel, ist das Glück?

Glücksbilder

Seit es Menschen gibt, haben sie versucht, das Glück zu beschreiben. Doch jede Antwort, die dabei herauskam, ist nur ein weiteres Indiz dafür, dass eine endgültige oder allgemein gültige Antwort unmöglich zu sein scheint.
Der eine findet sein Glück in der Liebe einer schönen Frau, der andere beim Anblick seines Aktiendepots. Der eine ist glücklich, wenn er sein Kind in den Armen hält, der andere, wenn er einmal im Leben einen Ferrari fahren darf. Für den einen ist Glück ein Augenblick stiller Andacht am Meeresstrand, für den anderen der Jubelschrei beim entscheidenden Tor im WM-Finale. Was dem einen recht ist, ist dem anderen noch lange nicht billig. Die Vorstellungen vom Glück sind darum so unterschiedlich wie die Menschen, die diese Vorstellungen entwickeln.
Zuverlässig weiß ich vom Glück nur zweierlei: als Gefühl ist es immer dasselbe; aber wodurch sich dieses Gefühl einstellt, ist immer wieder etwas anderes.

Zwei Paar Stiefel

Das Einzige, was immer und ewig bleibt, ist die Sehnsucht nach dem Glück. Der Wunsch, für immer wunschlos glücklich zu

sein, ist der Urwunsch aller Wünsche. Aus ihm erwächst jenes unersättliche Begehren, das durch nichts auf der Welt je befriedigt werden kann.
Darum werde ich nicht müde, immer wieder aufs Neue Anlauf zu nehmen: Wenn nicht der Traumurlaub die große Erfüllung bringt, dann vielleicht das Traumauto; wenn nicht das Traumauto, dann vielleicht das Traumhaus; wenn nicht das Traumhaus, dann vielleicht die Traumfrau. Auf diese Weise taumle ich von Begierde zu Genuss, und im Genuss verschmacht' ich nach Begierde – kreuz und quer durch den Jahrmarkt dieser Welt.
Mit einem Wort: Glück haben und glücklich sein sind zwei Paar Stiefel. Glück stellt sich nicht automatisch ein, wenn ich Glück habe. Es ist weder machbar noch käuflich. Denn Glück hängt weniger davon ab, was ich habe, als davon, was ich tue. Vor allem aber davon, was ich bin.

Der Karrieresprung

Diese Erfahrung machte vor einigen Jahren Werner U., Regional-Vertriebsleiter einer großen amerikanischen Computerfirma in Deutschland.
Im Verkauf hatte er so ungefähr alles erreicht, was man nur erreichen kann. Er war der erfolgreichste Einzelverkäufer von Top-Desk-Lösungen seiner Firma gewesen, drei Jahre später der erfolgreichste Einzelverkäufer von Großrechnern, wiederum zwei Jahre später der Teamleiter der erfolgreichsten Verkaufsabteilung für Firmenkunden, im Jahr darauf der Chef der erfolgreichsten regionalen Vertriebsorganisation seines Unternehmens in Deutschland. Kein Jahr verging, in dem er nicht für eine Spitzenleistung ausgezeichnet wurde.
Dann aber machte Werner U. den großen Karrieresprung. In der amerikanischen Zentrale des Konzerns war man auf ihn aufmerksam geworden und machte ihm ein Angebot: Er solle

eine Stabsstelle übernehmen – raus aus dem Verkauf, ein Mann wie er sei zu wertvoll, um sich an der Front aufzureiben. Seine neue Aufgabe: Aufbau und Organisation einer europäischen Vertriebsstruktur.
Das war die Chance, die man nur einmal im Leben bekommt! Das dachte Werner U. zumindest, als er das Angebot annahm. Und voller Gott- und Selbstvertrauen packte er die Koffer, um nach Paris zu ziehen, in die Europazentrale seines Konzerns.

Von der Rolle

Umso größer war die Enttäuschung, als er in seinem neuen prächtigen Büro saß. Hier stellte er fest: Mit dem Karrieresprung hatte auch sein Lebensglück einen Sprung bekommen. Hatte er sich früher jeden Morgen auf die anstehenden Aufgaben gefreut, grauste es ihm nun beim Gedanken an den neuen Tag. War er früher mit sechs Stunden Schlaf mühelos ausgekommen, kam er jetzt frühestens nach acht Stunden aus den Federn. Und trotzdem fühlte er sich schon beim Beginn der Arbeit meist so müde und ausgebrannt wie sonst nur am Ende eines langen und harten Arbeitstags.
Was war passiert? Eigentlich hätte Werner U. der glücklichste Mensch der Welt sein müssen. Seine Freunde, seine Kollegen, seine Verwandten – alle beneideten ihn um den neuen Job. Er verdiente eine Menge Geld, genoss Ansehen und Respekt und sah einer sorgenfreien Zukunft entgegen.
Aber was nützt das prächtigste Büro, der größte Haufen Geld, wenn das Wichtigste fehlt? Und das Wichtigste war in diesem Fall: menschliche Nähe. Werner U. war ein Mann, der Umgang mit anderen Menschen brauchte wie die Luft zum Atmen. Er musste reden, sich austauschen, brauchte ein Gegenüber, egal, was er tat. Dann blühte er auf, dann entwickelte er seine Stärken.

In seinem neuen Job aber war er von morgens bis abends allein. Keine Kunden, die er besuchen musste, keine Familie, mit der er etwas unternehmen konnte (seine Frau und seine Kinder sollten erst nach der Probezeit nachfolgen), keine Freunde oder vertraute Kollegen, um sich zu beraten: immer nur Zahlen und Organigramme. Und weil ein Unglück selten allein kommt, verließ ihn mit dem Glück auch sehr bald der Erfolg.
In nur wenigen Monaten geriet Werner U. völlig von der Rolle. Statt sein Leben zu leben, lebte er nach einem Karriereschema – und ging daran beinahe zugrunde. Weil jeder Mensch auf Dauer nur das Leben leben kann, was ihm und seinem Wesen entspricht.

Einklang

Mit dem Glück im Leben verhält es sich wie mit dem Glück beim Lottospielen: Beides kann ich weder erzwingen noch garantieren. Glück kann ich hier wie dort nur ermöglichen. Und wie ich für mein Lottoglück ein paar Voraussetzungen erfüllen muss, damit es überhaupt eine Chance hat, muss ich auch für mein Lebensglück Bedingungen schaffen, um ihm Tür und Tor zu öffnen.
Um im Lotto gewinnen zu können, muss ich zum Beispiel einen Lottoschein ausfüllen. Ohne den bin ich bei der großen Ziehung nicht dabei. Glückstreffer im Leben setzen hingegen vor allem eins voraus: dass ich mit mir selbst im Reinen bin.
Der innere Einklang von Sein und Tun ist, philosophisch gesprochen, die Bedingung der Möglichkeit von Glück: die Minimalformel, die für all die zahllosen, unterschiedlichen Erscheinungsformen menschlichen Glücks gelten kann. Um den Grund dafür zu begreifen, muss ich allerdings kein Philosoph sein: Wenn ich stets mit mir selbst hadere, handle ich mir eher

Magengeschwüre als Lebensfreude ein. Das lehrt mich die tägliche Erfahrung.

Werner U. hat aus dieser Einsicht sehr bald die Konsequenz gezogen. Er verzichtete auf sein prächtiges Büro, ebenso auf ungefähr ein Drittel seines Gehalts, ja sogar auf eine sorgenfreie Zukunft. Dafür fing er bei einer kleinen Start-up-Company an, für die er den Vertrieb leitet, zusammen mit einer kleinen verschworenen Truppe von Verkäufern.

Sein einziges Problem: Mit dem Erfolg wächst seine Mannschaft in einem solchen Tempo, dass er schon heute fürchten muss, bald wieder einsamer Chef in einem prächtigen Büro zu sein.

Werte

Der Zweck heiligt nicht die Mittel. Nicht einmal der beste Zweck: weder Geld noch Ansehen noch die Absicherung der Zukunft. Zweck und Mittel dienen vielmehr ein und demselben Herrn: der Person, die mit ihren jeweils ureigenen Mitteln ihre jeweils ureigenen Zwecke verfolgt.

Ein Ergebnis ist für mich nur dann ein Erfolg, wenn es im Einklang mit meinen persönlichen Werten steht. Was nützen mir die besten Ratschläge der Vernunft und der Mitmenschen, wenn sie nicht meinen Vorstellungen (und Empfindungen!) vom richtigen Leben entsprechen?

Wenn ich Medizin studiere, nur weil der Arztberuf ein erstrebenswerter Beruf ist, ich aber kein Blut sehen kann, werde ich mit ziemlicher Sicherheit ein unglücklicher Arzt. Wenn ich aber Medizin studiere, weil mich nichts mehr befriedigt, als anderen Menschen zu helfen, dann habe ich zwar keine Gewissheit, doch eine große Chance, ein glücklicher Mensch zu werden – ja sogar die Chance, mich an den Anblick von Blut zu gewöhnen.

Denn dann, und nur dann, wenn ich im Einklang mit mir und meinen Werten bin, heiligt der Zweck die Mittel.

Zwei Schienen

Warum gibt es Menschen, die ein beneidenswertes Leben haben und trotzdem stets mit ihrem Leben hadern? Warum sind umgekehrt manche Menschen völlig glücklich und zufrieden, obwohl ihr Leben äußerst anstrengend ist?
Die Antwort ist ebenso einfach wie folgenschwer: Die einen sind zu jedem Kraftakt bereit, weil sie mit sich und ihren Werten im Einklang sind. Den anderen dagegen ist alles und jedes zu viel, weil sie nicht wissen, weshalb und wozu. Die einen sind selbst-, die anderen fremdgesteuert. Die einen lassen sich von ihren persönlichen Ideen und Zielen leiten, die sie aus ihrer Vorstellung vom richtigen Leben entwickeln, die anderen von fremden Idolen – von äußeren Vorgaben, Erwartungen und Sachzwängen.

SELBSTSTEUERUNG	FREMDSTEUERUNG
Eigene Werte und Zweck	Fremde Vorgaben
Brennende Ziele	Kalte Sachzwänge
Innerer Antrieb	Äußerer Druck
Persönliche Herausforderungen	Objektive Zumutungen
Reizvolle Aufgaben	Lästige Pflichten

Auf welcher Schiene ich mich bewege, zeigt sich im Alltag sehr leicht. Wenn ich immer nur fremden Vorgaben und äußeren Zwängen folge, lebe ich im Zwiespalt mit mir selbst und empfinde jede Anforderung als Zumutung und Stress. Antriebslosigkeit und Ausgebranntsein sind die Folgen. Bin ich dagegen im Einklang mit mir und meinen Werten, dann wird sogar Anstrengung zur Lust, Arbeit zum Vergnügen.
Wenn ich mein Leben aus meinen eigenen Werten heraus entwickele, lebe ich darum wie in einem stetigen Fluss. Ich vergesse mich in meiner Tätigkeit wie das Kind beim Spielen. Ich schaue auf die Sache, nicht auf die Uhr. Und gehe in den Anforderungen des Lebens nicht unter, sondern auf.

Wertmessungen

Erfolg und Glück setzen voraus, dass ich nach meinen eigenen Werten lebe. Echtheit, innere Stimmigkeit, Eins-Sein mit mir: Diese Wegweiser tragen mehr zu meinem Lebensglück bei als alle äußeren Güter, mehr als Geld und Ansehen, mehr als Sex und dicke Autos. Weil sie dafür sorgen, dass ich in meiner Spur bleibe – der einzigen Spur zu Glück und Erfolg. Und weil sie mir ein Gespür vermitteln, welche Dinge zu meinem Leben passen und welche nicht.
Wenn Freiheit für mich ein entscheidender Wert ist, dann passen alle Dinge zu mir, durch die ich Freiheit verwirklichen kann. Dies kann ich in unterschiedlichster Weise tun: indem ich mich selbstständig mache oder aus der Kirche austrete, nach Alaska auswandere oder als Abgeordneter für den Gemeinderat kandidiere.
Ganz ähnlich habe ich eine Fülle von Möglichkeiten, wenn Sicherheit der Wert der Werte in meinem Leben ist. Ich muss ja nicht als Unternehmer mein Geld verdienen; ebenso kann ich eine Karriere im Staatsdienst anstreben, und meine Erspar-

nisse lege ich in Rentenpapieren statt in Aktien an. Und geht mir Freundschaft über alles, kann ich mich beruflich mit einem Partner zusammentun, einen Sportverein oder ein Kaffeekränzchen gründen und per Internet rund um den Globus Gleichgesinnte suchen.

Probe aufs Exempel: Übung 9

Wie kann ich wissen, ob ich mit meinen Werten im Einklang bin? Um darauf Antwort zu bekommen, gibt es eine einfache Methode.
Nehmen Sie dazu bitte ein Blatt Papier und listen Sie darauf die fünf Werte auf, die Ihnen am wichtigsten sind. Solche Werte können sein: Freundschaft, Ehrlichkeit, Ansehen, Fairness, Freiheit – worauf immer es Ihnen ankommt.
Richten Sie dann auf dem Blatt zwei weitere Rubriken ein und listen Sie dort aus Ihrer Erinnerung einige Situationen oder Lebensphasen auf, in denen Sie vollkommen glücklich beziehungsweise todunglücklich waren. Fallen Ihnen ein paar ein?
Wenn ja, dann machen Sie den Vergleich: In welchen Situationen und Lebensphasen erkennen Sie sich selbst und Ihre Werte wieder?

Die Gegenfrage

Was immer ich tue: Worauf es ankommt, das kommt von innen, und was nicht von innen kommt, darauf kommt es nicht an.
Nur wenn ich mit mir im Reinen bin, habe ich Aussicht auf das höchste der Gefühle. Ohne Verwirklichung der Werte aber, die

auch wirklich *meine* Werte sind, bleibt mir der Weg zum Glück verbaut.
Doch halt: Ich lebe nicht allein auf dieser Welt. Meine Werte müssen nicht auch die Werte meiner Mitmenschen sein. Mein Glück kann mit ihrem Glück kollidieren.
Stellt sich also die Frage: Wie kann ich dafür sorgen, dass ich auf meiner Suche nach dem Glück niemandem in die Quere komme?

7. Kapitel

Zwischenmenschliches: Was du nicht willst, das man dir tu …

Eigentlich könnte die Sache ja ganz einfach sein. Glück funktioniert im Prinzip so ähnlich wie die Entstehung neuen Lebens: durch Zellteilung. Das weiß bereits der Volksmund, nur dass er nicht vom Glück, sondern von der Freude spricht: »Geteilte Freude ist doppelte Freude.« Also läge eigentlich nichts näher, als möglichst viel Glück mit möglichst vielen Menschen zu teilen, damit sich das Glück auf der Welt Tag für Tag vermehrt.
Wenn das so einfach ist: Warum tun wir es dann nicht?

Glückskuchen

Das haben sich in der Vergangenheit auch manche Philosophen gefragt, zum Beispiel die Utilitaristen. Ihr Vordenker Jeremy Bentham erhob »das größte Glück der größten Zahl« zur Richtschnur allen Handelns. Soll heißen: Gut und richtig ist alles, wodurch möglichst viele Menschen möglichst glücklich werden.
Doch Benthams Theorie hat in der Praxis einen Haken. Weil wir alle nach dem Glück jagen, leben wir in beständiger Angst, jemand könne uns zuvorkommen und genau das Glück ergat-

tern, auf das wir selbst es abgesehen haben. Als wäre das Glück keine nachwachsende Ressource (was es zum Glück ist), sondern ein fertiger Kuchen, von dem es so und so viele abgezählte Stücke gibt, um die wir uns wie beim Kindergeburtstag balgen müssen.
Statt das Glück durch Teilung zu vermehren, machen wir es uns also lieber gegenseitig streitig, frei nach Tobias 4,16: »Was du nicht willst, das man dir tu, das füge deinem Nächsten zu.« Selbst auf die Gefahr hin, auf diese Weise auch am eigenen Glück schnurstracks vorbei zu jagen.

Stachelschweine

Wenn es um mein Glück geht, geht es zugleich um meine Beziehung zu anderen. Denn ich kann noch so glücklich mit mir selber sein – wenn meine zwischenmenschlichen Beziehungen nicht stimmen, ist es mit dem Glück bald vorbei.
Denn wir Menschen funktionieren wie die Stachelschweine. Die möchten sich eigentlich stets von ihresgleichen abgrenzen und gehen darum in der Horde auf Distanz. Doch wenn der Abend kommt und sie zu frösteln beginnen, was tun sie dann? Sie suchen die Nähe ihrer Artgenossen, um sich an ihnen zu wärmen.
Kaum aber schmiegen sich zwei Stachelschweine aneinander, spüren sie ihre Stacheln. Und die tun natürlich weh. Also rücken sie wieder auseinander. Um was festzustellen? Dass sie es ohne einander erst recht nicht aushalten!

Zwei Seelen

Zwei Seelen wohnen also, ach! in meiner Brust. Zum einen habe ich eine Ego-Seele, und die wäre eigentlich sich selbst ge-

nug – wenn es eben die zweite Seele in meinem Busen nicht gäbe, die Kollektiv-Seele, und die kann ohne die anderen Stachelschweine – sprich: die Mitmenschen – nun mal nicht sein. So schwer es ist, das Glück bewusst herbeizuführen, so leicht ist es, das Glück zu verhindern. Zum einen, indem ich im Widerspruch mit mir selber, zum andern aber auch, indem ich im Widerspruch mit meiner Umwelt lebe und handle. Denn wenn ich mit meiner Umwelt nicht klarkomme, komme ich bald auch nicht mehr mit mir selber klar.
Schließlich bin ich auch nur ein Stachelschwein.

Eine Frage der Moral

Wie ich mich meinen Mitmenschen gegenüber verhalte, ist eine Frage der Moral. Doch sobald es um die Moral geht, scheiden sich die Geister. Diese kann man grundsätzlich in zwei Parteien unterscheiden:

- *Partei A: Die Kollektivisten.* Sie sind der Meinung, dass die Menschen nicht auf der Welt sind, um ihr privates Glück zu betreiben, sondern um ihre Pflicht zu tun. Ihr Ahnherr ist der Königsberger Philosoph (manche sagen auch: der unverdaute Königsberger Klops) Immanuel Kant. »Handle so«, lautet sein berühmter kategorischer Imperativ, »dass die Maxime deines Willens jederzeit zugleich als Prinzip einer allgemeinen Gesetzgebung gelten könnte.« Heißt auf deutsch: Frage dich nicht, wozu du persönlich Lust hast, sondern frage dich, was der Menschheit im Großen und Ganzen nützt. Den Anhängern dieser Lehre begegnet man häufig im Straßenverkehr. Sie schimpfen, wenn man bei Rot über die Straße geht, und sprechen bevorzugt mit erhobenem Zeigefinger.

- *Partei B: Die Egoisten.* Sie leben vor allem für ihr Vergnügen, fragen nicht nach morgen, sondern nur nach Sonnenschein, denn ihre Heimat ist überall, wo es ihnen gut geht. Das Wohl der anderen kümmert sie nicht. Prinzipien sind ihnen prinzipiell fremd, dafür wissen sie umso genauer, wo Barthel den Most holt – weshalb nicht wenige von ihnen an einer dicken roten Nase zu erkennen sind. Wenn sie dabei erwischt werden, wie sie bei Rot über die Straße gehen (was sie grundsätzlich tun), reagieren sie auf Vorwürfe mit einem »Ist mir doch egal«.

Kollisionen

Das Problem der Kollektivisten: Sie treiben die Selbstlosigkeit bis zur Selbstverleugnung; Kollisionen mit sich selbst sind die Folge. Die Lust-und-Laune-Egoisten dagegen nehmen zwar reichlich Rücksicht auf sich selbst, nicht aber auf ihre Mitmenschen; Kollisionen mit dem Nächsten sind darum unausweichlich.
Woraus erhellt: Keine der beiden Parteien hat das Glück für sich gepachtet, weder die kollektivistischen Moralapostel noch die egoistischen Glücksritter. Wenn ich ständig mit meiner Umwelt auf Crashkurs gehe, weil ich nur nach meiner Nase lebe, vermeide ich vielleicht Magengeschwüre, doch werde ich mein Glück ebenso wenig genießen, wie wenn ich stets im Clinch mit mir selber liege. Weil ich dann immer wieder eins auf die Nase bekomme.
Wenn aber beide Parteien mehr Verdruss als Lebensfreude ernten, wo soll ich dann mein Glück suchen? Vielleicht ganz einfach dort, wo im Leben meistens die Wahrheit liegt – nämlich in der Mitte.

Resonanzprinzip

»Wer die Welt vernünftig anschaut, den schaut auch die Welt vernünftig an.« Mit diesem Satz hat der berühmte Philosoph Hegel eine alte Volksweisheit geadelt, die seiner professoralen Einsicht allerdings kaum nachsteht: »Wie es in den Wald hineinruft, so schallt es zurück.«

Wenn ich mich wie ein Kotzbrocken benehme, werde ich über kurz oder lang wie einer behandelt. Wenn ich lüge und betrüge, wo und wie ich nur kann, wird man keine Skrupel haben, auch mich übers Ohr zu hauen. Doch wenn ich mich anständig benehme, wachsen meine Chancen, mit Anstand behandelt zu werden. Wenn ich den Menschen, die meine Wege kreuzen, mit einem Lächeln begegne, bekomme ich irgendwann auch ein Lächeln zurück. Und wenn ich als Verkäufer meine Kunden aufrichtig und seriös berate, kaufen sie auch in Zukunft bei mir und empfehlen mich vielleicht sogar an andere Kunden weiter.

»You get what you give!« Das ist das Resonanzprinzip des Lebens: »Du bekommst (von den Mitmenschen, von der Zukunft), was du (den Mitmenschen, der Zukunft) gibst.«

Was also muss ich geben, damit ich bekomme, was ich gern hätte?

Drei Goldene Regeln

Die Frage stellen heißt sie beantworten. Ich muss (meinen Mitmenschen, der Zukunft) genau das geben, was ich selber gern (von meinen Mitmenschen, von der Zukunft) zurück haben möchte: »Was du willst, das man dir tu, das füge deinem Nächsten zu!«

Aus dieser Handlungsmaxime lassen sich drei Goldene Regeln für das zwischenmenschliche Miteinander ableiten:

- Einander verstehen.
- Einander fördern.
- Einander ergänzen.

Goldene Regel Nr. 1: Einander verstehen

Verständnis ist die Basis jeden Miteinanders. Doch wie sieht diese Basis in der Praxis aus, zum Beispiel in der Ehe? Da fangen bekanntlich die meisten Schwierigkeiten damit an, dass die Frau zu viel redet und der Mann zu wenig zuhört. Perfekt ist darum der Ehemann, der jedes Wort versteht, das seine Frau *nicht* gesagt hat.

Wie man einander besser versteht, das können wir vom heiligen Thomas von Aquin lernen. Der lebte im Mittelalter und unterhielt sich mit seinen Schülern über Gott und die Welt. Bei diesen Disputen galten folgende Regeln: Zunächst äußerte einer der Gesprächsteilnehmer seine Meinung (»ad 1«), danach formulierte ein anderer eine Gegenmeinung (»sed contra«), schließlich zog der Gesprächsleiter das Fazit (»respondeo«). Entscheidend dabei war, dass jeder, der etwas sagte, zuerst in einem Satz die Meinung seines Vorredners zusammenfasste. So vergewisserte man sich, dass man den anderen auch wirklich verstanden hatte, bevor man widersprach.

Es reicht nicht, dass ich zur Sache spreche – ich muss zu den Menschen sprechen. Ansonsten erschöpfe ich nicht das Thema, sondern nur meine Zuhörer. Zum Beispiel meinen Ehepartner.

Merke also: Einander verstehen fängt mit Zuhören an! Und nur wer selber versteht, kann auch verstanden werden.

Goldene Regel Nr. 2: Einander fördern

»Do ut des«: Auf diesem Grundsatz basiert bereits im alten Rom der Tauschhandel. »Ich gebe, damit du gibst.« Wer gegen diesen Grundsatz verstieß, wurde nach römischem Recht bestraft. Und daran hat sich bis heute nichts geändert. Wenn ich als Unternehmer meinem Kunden keinen wirklichen Nutzen biete, sondern nur auf meinen eigenen Vorteil bedacht bin, ist es nur eine Frage der Zeit, wann ich meinen Kunden verliere.

Ein gutes Geschäft ist immer eins, von dem beide Seiten etwas haben. Geschäfte dagegen, von denen nur eine Partei profitiert, zahlen sich langfristig nicht aus – auch nicht, wenn ich die profitierende Partei bin. Lasse ich mich zum Essen einladen, ohne irgendwann eine Gegeneinladung auszusprechen, werde ich vielleicht noch ein zweites Mal eingeladen. Drücke ich mich dann wieder um die Gegeneinladung herum, muss mein Gastgeber schon ein Heiliger sein, wenn er mich ein drittes Mal an seinen Tisch bittet. Wahrscheinlicher aber ist, dass er unseren gemeinsamen Freunden erzählt, was für ein Schnorrer ich bin. So dass ich bald nirgendwo mehr eingeladen werde.

Einseitige Geschäfte zahlen sich nicht aus, zumindest langfristig nicht: Man sieht sich mindestens zweimal im Leben. Und wenn nicht in diesem, dann doch in einem späteren. Weshalb auch mein Gastgeber, selbst wenn er mich dreimal ohne Gegeneinladung einlädt, kein wirklicher Heiliger ist, sondern ein postumer Karrierist. Ihm gehört das Himmelreich.

Merke also: Geben ist seliger als Nehmen! Denn wer nicht gibt, dem wird genommen.

Goldene Regel Nr. 3: Einander ergänzen

Im dem Dialog *Symposion* spürt der antike Philosoph Platon der Frage nach, wie wohl die Liebe entstanden sein mag. Die originellste Antwort darauf gibt der Dichter Aristophanes, und die geht sinngemäß so:

> Irgendwann vor Anbeginn aller Zeit waren die Menschen Doppelwesen. Sie hatten zwei Köpfe, vier Arme, vier Beine und was man sonst noch in zweifacher Ausfertigung haben kann. Dank dieser Ausstattung aber waren sie so vollkommen, dass sie den Göttern glichen. Denen war das natürlich gar nicht recht, schließlich waren sie die Götter. Also nahm Zeus ein Schwert und trennte die irdischen Doppelwesen entzwei. Seitdem verzehren sich die Menschen nacheinander in dem Wunsch, sich wieder zu vereinen, um die einstige Vollkommenheit zurückzugewinnen. Und diese Sehnsucht nennen sie Liebe.

Ob dies der Ursprung der Liebe ist? Immerhin, die Rede von der »besseren Hälfte«, als die wir unsere Lebenspartner bezeichnen, spricht dafür. Wichtiger aber ist, weshalb sich die Menschen vor ihrer Entzweiung den Zorn der Götter zuzogen: Als Doppelwesen waren sie den Göttern gleich; sie waren vollkommen, weil sie sich ergänzten.

Das Ganze ist mehr als die Summe seiner Teile! Dieser Lehrsatz der Synergie hat in der Liebe auch heute noch Geltung. Nur gemeinsam bringen Männlein und Weiblein zustande, was sie allein niemals vermögen: 1 + 1 = 3. Doch diese wunderbare Vermehrung findet nicht nur in der Liebe statt; fast überall im Leben, wo Menschen einander ergänzen, entsteht ein Ganzes, das die Summe seiner Teile übertrifft.

Ein Beleg von vielen: Komplementarität, sprich: wechselseitige Ergänzung, ist der Erfolgsfaktor Nr. 1 in Deutschlands Unternehmen. Dies ist das Ergebnis einer großen Studie der Düsseldorfer Kienbaum-Akademie: Betriebe, in denen die Mitarbeiter sich in partnerschaftlicher Weise ergänzen, ihre Kompetenzen aufeinander abstimmen und miteinander bündeln, erzielen höhere Marktanteile, höhere Umsätze und höhere Gewinne als ihre Einzelkämpfer-Wettbewerber.

Wechselseitige Ergänzung ist der Königsweg zum Erfolg. Die Gründe dafür liegen in der menschlichen Natur. Allround-Genies sind selten; die meisten von uns sind einseitig begabt, eine Mischung aus besonderen Schwächen und Stärken. Entsprechend unvollkommen sind die Resultate, die wir aus eigener Kraft erreichen. Doch können wir diese Unvollkommenheit überwinden: indem wir unsere Stärken mit den Stärken anderer Menschen kombinieren.

Das hatte auch Marilyn Monroe im Sinn, als sie Anfang der Fünfzigerjahre den bereits ergrauten Albert Einstein auf einer Dinner-Party traf. Hingerissen von dem Esprit des großen Physikers verwickelte sie ihn ins Gespräch, um ihm nach wenigen Minuten einen kühnen Vorschlag zu machen. »Wir beide sollten Kinder haben, Mr. Einstein«, zwitscherte sie. »Stellen Sie sich nur vor: Ihre Intelligenz und meine Schönheit.« Der Nobelpreisträger schaute sie mit seinen grauen Augen an, die schon alles Leid der Welt gesehen hatten, und erwiderte mit einem Seufzer: »Ja, das wäre *wonderful*, Miss Monroe. Aber stellen Sie sich vor, die Sache geht umgekehrt aus ...«

Merke also: Partnerschaft ist, wenn der Partner schafft? Eben nicht. Wer mehr aus sich machen will, sucht sich Partner zur Ergänzung seiner Stärken, zum beiderseitigen Gewinn. Also: Partnerschaft ist, wenn der eine *mit* dem andern schafft!

Probe aufs Exempel: Übung 10

Allem Optimismus zum Trotz: Leider besteht die Menschheit nicht nur aus angenehmen Zeitgenossen. Ab und zu hat man es auch mit richtigen Kotzbrocken zu tun. Denen kann man entgegenkommen, so weit man will – sie kommen einem trotzdem in die Quere. Was dann?

Hier können ein paar einfache Reaktionen weiterhelfen. Probieren Sie sie aus!

1. Angenommen, Sie stehen an einem Bahnübergang. Wie es sich gehört, haben Sie bei Rot den Motor ausgemacht, doch als das Signal erlischt, springt Ihr Auto nicht mehr an. Ihr Hintermann tut, was er kann: Er hupt. Und da Ihr Auto partout nicht anspringen will, hört er gar nicht mehr auf zu hupen. Bis Sie ihn bitten, an Ihrer Stelle den Zündschlüssel zu betätigen. Dafür versprechen Sie ihm Ihre ganze Unterstützung: Indem Sie sich in sein Auto setzen und hupen.
2. Ein Kotzbrocken beleidigt Sie, tituliert Sie als Idiot oder als A … Was machen Sie dann? Ganz einfach, Sie blicken ihn an und sagen: »Und Sie sind ein richtiger Gentleman.« Und mit Ihrem freundlichsten Lächeln fügen Sie hinzu: »Aber vielleicht irren wir uns ja beide.«
3. Sie meinen, davon lässt sich ein echter Kotzbrocken nicht beirren? Dann hilft Ihnen vielleicht folgende Lösung weiter. Schauen Sie dem Kotzbrocken fest ins Gesicht und sagen Sie ihm in Gedanken: »Was bin ich für ein glücklicher Mensch! Ich muss dich nur diese Viertelstunde ertragen, du dich aber dein ganzes Leben.«

Pro bono

Einander verstehen, einander fördern, einander ergänzen: Das sind die drei wichtigsten Strategien des zwischenmenschlichen Erfolgs. Und bleibt mir einmal der Erfolg versagt, obwohl ich auf diese Prinzipien baue, bewirken sie in mir doch zumindest das angenehme Gefühl, ein liebenswerterer Mensch zu sein als derjenige, der meine Prinzipien nicht zu schätzen weiß.

Auch wenn Ulrich Wickert im Titel einer seiner Bücher behauptet: *Der Ehrliche ist immer der Dumme* – Recht hat er damit nicht. Der Ehrliche ist *nicht* der Dumme, zumindest nicht auf Dauer. Ein Kotzbrocken mag nach außen erfolgreich wirken, ja vielleicht sich sogar erfolgreich fühlen. Doch wenn er am Ende wie ein Kotzbrocken behandelt wird – und dafür wird das Resonanzprinzip sorgen –, werden ihm die Glücksgefühle früher oder später vergehen.

Soll das heißen, kein Kotzbrocken der Welt könne jemals glücklich sein? Doch – aber nur, wenn er auch wirklich ein Kotzbrocken ist, im Einklang mit sich und seinen Kotzbrocken-Werten. Ansonsten gilt: Nicht jedes Schwein, das Schwein hat, ist deshalb schon ein Glücksschwein. Im Gegenteil. So manches vermeintliche Glücksschwein ist in Wirklichkeit eine ziemlich arme Sau.

Darum gilt im wirklichen Leben: Lieber mit Anstand verlieren, als mit Betrug gewinnen! Selbst auf die Gefahr hin, dass irgendein Kotzbrocken meine Fairness ausnützt und missbraucht.

Denn den Gefallen werde ich keinem Kotzbrocken tun – dass ich ihm zuliebe selber zum Kotzbrocken werde. So viel Verantwortung muss sein!

Mehr davon auf den folgenden Seiten.

8. Kapitel

Apropos Verantwortung: Keine faulen Ausreden!

Es war einmal ein junger Tennisspieler. Der war so talentiert, dass er schon mit siebzehn Jahren kreuz und quer durch die Weltgeschichte reiste, von einem Turnier zum anderen.

So kam er eines Tages bis nach Südafrika, und nicht nur bis nach Südafrika, sondern sogar bis ins Viertelfinale eines großen Turniers in der dortigen Hauptstadt. Da aber war für ihn Endstation. In zwei Sätzen wurde er buchstäblich vom Platz gefegt.

»Was war denn heute mit dir los?«, wollte sein Trainer nach dem Match von ihm wissen.

»Der Wind war schuld«, schimpfte der junge talentierte Spieler. »Da konnte man doch keinen vernünftigen Ball schlagen.«

»Der Wind war schuld?«, fragte sein Trainer verwundert zurück. »Das kann nicht sein. Oder wehte der nur auf deiner Seite des Platzes?«

Widrige Umstände

Natürlich hatte der Wind das nicht getan. Vielmehr hatte er, wie es sich für einen sportlich-fairen Wind gehört, auf beiden Seiten des Platzes geweht. Und deshalb keine Rolle gespielt.

Ob Tennis mit oder ohne Wind gespielt wird, ist vollkommen

egal. So egal wie die Farbe der Sponsorenlogos in der Bandenwerbung oder die Hutmode der Damen auf der Haupttribüne. Oder hat man je einen Spielbericht gelesen, der außer dem Ergebnis die durchschnittliche Windstärke vermeldet?
Wenn der Wind so stark wird, dass keine regulären Bedingungen mehr gewährleistet sind, wird das Match abgebrochen. Ansonsten ist der Wind nur ein widriger Umstand, für beide Spieler auf dem Platz gleichermaßen.
Mit einem einzigen Unterschied: Widrige Umstände nützen während des Spiels dem Sieger, nach dem Spiel dem Verlierer. Als faule Ausrede, um sich aus der Verantwortung zu stehlen.
Merke: Mit Ausreden redet man sich nur ins Aus.

VerANTWORTung

Die Dinge sind, wie sie sind. Meistens habe ich keinen Einfluss darauf. Ob es stürmt oder schneit, ob die Sonne auf- oder untergeht – es geschieht ohne mein Zutun. Einfluss habe ich aber auf etwas anderes: auf die Art und Weise, wie ich mich auf diese äußeren Geschehnisse innerlich einstelle und wie ich mit ihnen umgehe.
Wenn der Wind weht, weht der Wind. Punkt. Statt das Unabänderliche zu beklagen, sollte ich also besser überlegen, wie ich den Wind für meine Zwecke nutzen kann. Zum Beispiel, um zu segeln oder einen Drachen steigen zu lassen. Oder aber um meinen Aufschlag beim Tennis zu verbessern.
Entscheidend sind nicht die Umstände, entscheidend ist die Frage, ob ich bereit bin, Verantwortung zu übernehmen. Was aber heißt Verantwortung?
Die Antwort steckt buchstäblich im Begriff selbst: VerANTWORTung. Das heißt: Ich habe eine Antwort auf das, was passiert.

Arbeitslos

Aber ist das Leben nicht ein bisschen mehr als nur ein Tennisspiel? Und nehmen darin die Umstände manchmal nicht derartig überhand, dass wir gar keine Chance haben?
Barbara R. war zweiundfünfzig Jahre alt, als ihr gekündigt wurde. Über dreißig Jahre hatte sie in ihrer Firma als Buchhalterin gearbeitet. Sie war in all den Jahren nur ein Dutzend Mal zu spät gekommen, hatte niemals krankgefeiert und sich regelmäßig weitergebildet. Doch dann waren eines Tages diese gut gelaunten, nach Rasierwasser riechenden Jungs einer Unternehmensberatung aufgekreuzt, und am Ende des Monats war ihre Stelle wegrationalisiert.
Mit zweiundfünfzig Jahren stand sie also auf der Straße. Sie bewarb sich auf sämtliche Stellenangebote im Umkreis von zweihundertfünfzig Kilometern. Einmal, zehnmal, sechsundachtzigmal: jedesmal vergeblich. Ihre Chancen waren gleich null. Welche Firma nahm schon eine Frau in ihrem Alter, bei einer Konkurrenz von bis zu dreihundert Bewerbern auf ein und dieselbe Stelle? Wo 90 Prozent der Bewerber jünger waren als sie?

Das Ausredenprogramm

So tapfer Barbara R. sich anfangs hielt, am Ende tat sie, was so ziemlich jeder Mensch in vergleichbarer Lage am liebsten tut: sich selber leid. Und je auswegloser ihre Lage schien, desto überzeugter spulte sie das Programm möglicher Ausreden ab: dass sie zu alt sei, nicht hübsch genug aussehe, sich nicht verkaufen könne, nicht die nötige Qualifikation und außerdem kein Abitur habe.
»Nein, es geht nicht«, sagte sie darum zu ihrer Schwester Ruth am Telefon. »Mit zweiundfünfzig, als Frau und dann noch ohne Abitur – so eine nimmt keiner mehr.«

»Geht nicht?«, fragte ihre Schwester zurück. »Das heißt, es gibt keine einzige zweiundfünfzigjährige Frau auf der Welt ohne Abitur, die je wieder eine neue Stelle als Buchhalterin gefunden hat?«

Anders gefragt

Wenn wir in Schwierigkeiten geraten, vergeuden wir unglaublich viel Zeit mit der Frage, *ob* etwas geht. Und noch mehr Zeit mit der Frage, *warum* etwas *nicht* geht. Würde es sich da nicht lohnen, einmal fünf Minuten darüber nachzudenken, *wie* etwas geht?

Um mich zu fragen, *wie* etwas geht, muss ich von einer kleinen, aber entscheidenden Voraussetzung ausgehen: nämlich *dass* es geht. Ohne diese positive Unterstellung macht das ganze Nachdenken keinen Sinn. Wenn ich davon ausgehe, dass ich in meinem Leben sowieso nie nach New York komme, dann brauche ich mir auch nicht den Kopf darüber zu zerbrechen, ob ich besser mit dem Schiff oder mit dem Flugzeug dorthin reise. Gehe ich aber davon aus, dass ganz New York mich sehnsüchtig erwartet, verschwende ich keinen Gedanken mehr mit der Frage, *ob* ich je dorthin gelange, sondern frage mich nur, *wie.* Was muss ich tun, damit es klappt?

Genau diese Sichtweise vermittelte Ruth ihrer Schwester Barbara mit ihrer unscheinbaren Frage. Natürlich gab es auf der Welt zweiundfünfzigjährige Frauen ohne Abitur, die irgendwann nach einer Kündigung eine neue Stelle als Buchhalterin gefunden hatten. Also musste es auch für Barbara R. Mittel und Wege geben, als zweiundfünfzigjährige Frau ohne Abitur eine neue Stelle als Buchhalterin zu finden.

Man muss nur manchmal neue Möglichkeiten ausprobieren.

Die Alternative

Zusammen mit ihrer Schwester machte Barbara einen Plan. Sie beschloss, sich nicht weiter auf Stellenangebote in den Zeitungen zu bewerben; das war vergebliche Liebesmüh. Stattdessen würde sie den Spieß umdrehen und sich ihrerseits ein paar Traumfirmen aussuchen, bei denen sie richtig Lust hätte zu arbeiten. Wenn man schon die freie Wahl hat, warum sich dann mit dem Zweitbesten begnügen?

Es blieb nicht bei dem Plan. Barbara setzte ihn auch in die Tat um. Die Traumfirmen waren rasch gefunden, es gab sogar ein paar ganz in der Nähe ihres Wohnorts. Dort rief sie an, ließ sich nicht abschütteln, sondern mit dem Chef persönlich verbinden und gab keine Ruhe, bis sie von ihm einen Termin bekam.

Als sie dann beim Chef im Büro saß, machte sie ihm ein Angebot: »Wie wär's, wenn ich in Ihrer Buchhaltung einen Monat arbeite? Ich meine, gratis, ohne Lohn und Vertrag. So kann ich Ihnen zeigen, was ich kann, ohne dass Sie ein Risiko haben. Sind Sie am Ende des Monats nicht mit mir zufrieden, gehe ich wieder, ohne Ihnen Fragen zu stellen. Meine einzige Bitte: Geben Sie mir vier Wochen die Chance, Sie zu überzeugen!«

Wie oft musste Barbara R. sich auf diese Weise bewerben? Dreimal, viermal, fünfmal? Exakt zweimal. Dann hatte sie ihren Job. Zuerst auf Probe, dann auf Dauer.

Sie hat ihn übrigens heute noch.

VerantworTUNg

Wenn in meinem Leben etwas passiert, habe ich im Prinzip immer zwei Möglichkeiten zu reagieren: entweder als Opfer oder als Gewinner. Als Opfer habe ich eine Ausrede. Als Gewinner habe ich eine Antwort. So wie Barbara R.

VerANTWORTung heißt: Antwort haben auf das, was passiert. Verantwortung heißt aber auch: VerantworTUNg. Ich muss tun, was ich als richtig erkannt habe, ohne Wenn und Aber.
Auf zwei Dinge kommt es also an:

- dass ich mich selbst für zuständig erkläre,
- dass ich meine Zuständigkeit in Handeln umsetze.

Wenn ich in dieser Weise von meiner Verantwortung Gebrauch mache, dann – und nur dann – bin ich der Herr in meinem Leben. Dann – und nur dann – bestimme ich, was aus mir wird.
Egal, wie die Umstände gerade sind.

Im Stau

Abgesehen von Windböen auf dem Tennisplatz: Was für Umstände sind widriger als ein Stau auf der Autobahn?
So ein Stau stellt meine Planung und damit meine ganze Vollkommenheit in Frage. Morgens um fünf bin ich losgefahren, weil ich um acht Uhr in Frankfurt einen Geschäftstermin habe. Doch kaum sehe ich vor mir die Warnlichter meiner Leidensgenossen aufblinken, weiß ich auch schon, dass meine Pläne zunichte sind. Und damit auch meine Vollkommenheit.
Aber was ist schon ein Stau? Nichts weiter als ein Stau – eine Tatsache, die nun mal so ist, wie sie ist. Welche Bedeutung sie erlangt, ist meine Sache. Ein Stau ist, was ich daraus mache! Ich kann mich zu Tode ärgern, Kreuzworträtsel lösen, Lebenspläne schmieden, meine Jobliste organisieren, mich auf meinen Geschäftstermin vorbereiten oder per Handy endlich die BahnCard bestellen, die ich schon seit langem bestellen will.
Wie auch immer: Ich habe die Wahl! Denn im Stau gilt, wie

überall im Leben, das Resonanzprinzip. Ich bekomme zurück, was ich gebe. Wenn ich gelassen bleibe, werde ich zwar mit Verspätung, doch entspannt bei meinem Geschäftsfreund in Frankfurt ankommen. Wenn ich dagegen aggressiv werde, werde ich auch Aggressionen ernten. Spätestens dann, wenn ich mit meiner Stoßstange auf der Heckklappe des Vordermannes sitze.

Probe aufs Exempel: Übung 11

Das Leben funktioniert nach dem Resonanzprinzip: Wer Sturm sät, wird Sturm ernten, wer Freude sät, wird Freude ernten. Heraus kommt, was man hineingibt, und zwar meistens genau in dem Maß, in dem man selbst investiert.
Was meinen Sie: Stimmt die Geben-Nehmen-Bilanz in Ihrem Leben? Oder haben Sie das Gefühl, für Ihren Einsatz zu wenig zurückzubekommen? In welchen Bereichen, beruflich und privat, sind Sie unzufrieden mit den Reaktionen Ihrer Mitmenschen (Lebenspartner, Familie, Freunde, Arbeitskollegen, Chef, Vereinskameraden)?

1. Schreiben Sie bitte auf, von wem Sie Ihrer Meinung nach zu wenig Resonanz bekommen.
2. Schreiben Sie dann auf, was Sie selber bei den entsprechenden Personen investiert haben. Was haben Sie zu deren Lebensglück beigetragen?
3. Vergleichen Sie nun Ihren Input mit dem Output. Geht die Rechnung auf? Wenn Ihnen die Resonanz, die Sie erfahren, zu gering erscheint: Haben Sie vielleicht selber zu wenig investiert? Und: Was können Sie tun, damit Ihre Mitmenschen sich stärker für Sie engagieren?

Doch halt, haben wir da nicht etwas vergessen? Nämlich die Tatsache, dass es immer Ursache und Wirkung gibt? Wir also gar nicht die Wahl haben, wie wir uns gerade weismachen wollen, sondern in unserem Handeln festgelegt sind?
Nein, das haben wir nicht vergessen, nur verschoben.
Und zwar ins nächste Kapitel.

9. Kapitel

Wahlfreiheit: Wie viel Freiheit darf's denn sein?

Es ist ein brütend heißer Spätnachmittag im August. Mehr als die Hälfte meiner Kollegen ist in den Ferien, der Rest hat bereits Feierabend gemacht, nur ich schwitze einsam und allein im Büro über einer Kalkulation, die unbedingt morgen raus muss. Da kommt plötzlich eine gute Fee herein und fragt mich, ob ich nicht lieber woanders sein möchte.

Was für eine Frage! Zahllose Möglichkeiten fallen mir ein, alle attraktiver als mein Büro: der Nürburgring, meine Stammkneipe, ein Strand in der Karibik …

»Aber aber«, schüttelt die Fee den Kopf, »wenn du überall dort so viel lieber wärst, warum schwitzt du dann hier im Büro?«

Preisvergleiche

Die Antwort lautet natürlich: Weil es irgendwelche Zwänge oder Notwendigkeiten gibt, die mich an den Bürostuhl fesseln und daran hindern, eben dort zu sein, wo ich so gern wäre.

Das zumindest rede ich mir ein. Doch bin ich wirklich so wenig Herr meiner selbst? Was wird denn passieren, wenn ich von meinem Drehstuhl aufstehe und das Büro verlasse? Wird mich

jemand festhalten oder gar in Ketten legen, um mich daran zu hindern?
Wohl kaum. Ich bin ein freier Mensch in einem freien Land und kann tun und lassen, was ich will. Wenn ich im Büro bleibe, statt an den Nürburgring oder in die Karibik zu fahren, dann aus ganz anderen, und zwar besseren Gründen. Zum Beispiel, weil ich meinen Job nicht verlieren möchte oder weil ich das nächste Gehalt brauche oder weil mir meine Arbeit, unterm Strich betrachtet, doch ziemlich viel Spaß macht, mehr Spaß vielleicht, als den lieben langen Tag an einem Strand herumzuliegen.
Kurz: Ich stelle Preisvergleiche an, wäge das Für und Wider ab. Wie viel ist mir die Karibik wert? So viel, dass ich meinen Job riskiere? Sicher nicht! Das rechtfertigt der schönste Urlaub nicht, der Preis ist entschieden zu hoch. Und statt zur Blauen Lagune aufzubrechen, erledige ich also lieber meine Kalkulation.

Ja zum Schicksal

Wenn ich tue, was ich tue, ist das, was ich tue, das Wichtigste, was zu tun ich mir gerade vorstellen kann. Wäre es das nicht, täte ich ja wohl etwas anderes – oder?
Das ist keine rhetorische Spitzfindigkeit, sondern ein Riesenkompliment an mein Leben. Friedrich Nietzsche nannte das den *Amor fati*, die Liebe zum Schicksal: Ich habe mein Schicksal, so wie es ist, gewollt, weil es ja die Summe meiner Entscheidungen ist.
Wie immer ich in der Vergangenheit mich entschieden habe – ich habe mich so entschieden, wie es aus Sicht der Vergangenheit richtig war. Hätte ich in der Vergangenheit eine andere Sicht der Dinge gehabt, hätte ich mich anders und nicht so entschieden. Also habe ich, in der Perspektive der Vergangen-

heit, stets die optimale Entscheidung getroffen: in der Wahl meiner Aktien, in der Wahl meines Berufs, in der Wahl meines Partners.

Irren ist menschlich

Doch was heißt das für die Gegenwart? Kann ich darum blindlings meinen Entscheidungen vertrauen, mich einfach auf meinen Riecher verlassen?

Natürlich kann ich das nicht. Die Erfahrung zeigt mir ja, dass ich mich auch irren kann. Mag ich mich aus Sicht der Vergangenheit in allen Lebenslagen richtig entschieden haben, kann sich doch jede Entscheidung aus Sicht der Gegenwart als fatal erweisen: in der Wahl meiner Aktien, in der Wahl meines Berufs, in der Wahl meines Partners.

Im Nachhinein (und keine Sekunde vorher) sind auch die Dummen schlau. Diese Differenz zwischen Vergangenheit und Gegenwart gehört zu den gewöhnlichen Gemeinheiten des Lebens. Sie hat ihren Grund in einem einfachen Umstand: Immer müssen wir Entscheidungen treffen, ob wir wollen oder nicht. Selbst dann, wenn wir uns dazu gar nicht in der Lage fühlen.

Die Angst des Tormanns beim Elfmeter

»Die Notwendigkeit zu entscheiden reicht weiter als die Fähigkeit der Erkenntnis.« Mit diesem Satz beschrieb Immanuel Kant rund hundert Jahre vor Erfindung des Fußballspiels die Angst des Tormanns beim Elfmeter: Wohin geht der Schuss? Der Tormann weiß es nicht (oft ja nicht einmal der Schütze selbst). Was in den nächsten Sekunden passieren wird,

liegt nicht in seiner Erkenntnis, und trotzdem muss er sich entscheiden.
Soll er in die rechte oder in die linke Ecke fliegen? In die obere oder in die untere? Wie immer er sich verhält, ob er die rechte oder linke, die obere oder die untere Ecke wählt: Jede Entscheidung, die er trifft, schließt die Möglichkeit ein, in die falsche Ecke zu fliegen.
In meinem Leben bin ich der Tormann. Entsprechend unsicher reagiere ich, wenn ich die Qual der Wahl habe, und frage mich: Wie werden sich die Dinge, zu denen ich eine Entscheidung treffen muss, in Zukunft entwickeln?
Wie der Tormann beim Elfmeter muss ich mich entscheiden, bevor ich Bescheid weiß oder auch nur Bescheid wissen kann. Ich muss mich für eine Aktie entscheiden, bevor ich weiß, ob sie steigt oder fällt. Ich muss mich für meinen Beruf entscheiden, bevor ich weiß, ob er mir die große Erfüllung oder den großen Frust bringen wird. Und ich muss mich für meinen Partner entscheiden, bevor ich weiß, ob er oder sie mir die Treue hält oder mich irgendwann zum Teufel jagt.

Wahlfreiheit

Als Tormann meines Lebens muss ich akzeptieren, dass ich mich immer richtig oder falsch entscheiden kann. Das aber ändert nichts an der Tatsache, dass die Notwendigkeit der Entscheidung bleibt, solange ich meinen Fuß auf Gottes schöne Erde setze, oft eben auch, wenn ich nur über unzureichende Erkenntnisse verfüge. Um die Entscheidung komme ich nicht herum.
Leben ist Entscheidungssache: jeden Tag, jede Stunde, jede Sekunde aufs Neue. Das macht das Leben so spannend – und gleichzeitig oft auch so anstrengend. Denn ich kann alles von mir abwälzen, was mich behindert oder belastet, nur meine

Wahlfreiheit nicht. Auch wenn ich mich nicht entscheide, ist das eine Entscheidung, nämlich die Entscheidung, dass ich andere Menschen über mein Leben entscheiden lasse.
Die nicht getroffene Entscheidung ist darum grundsätzlich die schlechteste Entscheidung, die ich überhaupt treffen kann. Das sagt mir schon mein Körper. Solange ich mich als Tormann nicht entschieden habe, in welche Ecke ich fliegen will, kann ich nur darauf hoffen, dass der Elfmeterschütze mir direkt auf den Leib zielt. Ich mache mich also von seiner Entscheidung abhängig, und das macht den Schwebezustand bis zum Schuss so unerträglich. Entscheide ich mich aber für eine bestimmte Ecke, ist das unangenehme Gefühl der fehlenden oder vor mir hergeschobenen Entscheidung vorbei. Von einer Sekunde zur anderen empfinde ich eine ungemeine Erleichterung.
Selbst wenn ich in der falschen Ecke lande.

Ursache und Wirkung

Noch einmal: Ob ich also will oder nicht – immer habe ich die Wahl. Doch halt! Ist die Wahlfreiheit nicht trügerischer Schein, eine wunderbare Illusion? Bin ich nicht nur ein kleines Rädchen im großen Ursache-Wirkung-Getriebe, ein Opfer der Kausalität?
Denn wo ich geh und steh, immer wirken unendlich viele Ursachen auf mich ein. Wenn ich mich entscheide, weiter im Büro zu bleiben, statt in die Karibik zu fahren, lasse ich mich ja von triftigen Gründen leiten, zum Beispiel von meiner Freude am Beruf oder der Aussicht auf eine Beförderung. Oder auch von vermeintlichen oder tatsächlichen Zwängen, zum Beispiel, dass ich Verantwortung für meine Familie habe: Wenn ich den Job hinschmeiße, wer schafft dann das nötige Geld heran?
Doch was für Gründe auf mich auch einwirken: Kein Grund der Welt kann mich jemals zwingen, etwas zu tun, was ich abso-

lut nicht will. Man kann mich vielleicht daran hindern, das zu tun, was ich gern tun möchte, aber wie man auch an mir zieht und zerrt, ich habe mindestens eine Alternative: Folge zu leisten oder eben nicht.
In jeder Situation, in die ich gerate, habe ich die Möglichkeit, der Macht des Lebens, und kommt sie auch als Übermacht daher, mein Nein entgegenzusetzen. Oft natürlich nur unter Gefahren, doch die Möglichkeit zum Nein besteht zu jeder Zeit: Selbst wenn mein Chef mir das Messer an die Kehle setzt, damit ich meine Kalkulation erledige, kann ich ihm die Arbeit verweigern.
Dann muss ich allerdings mit einkalkulieren, dass ich anschließend vielleicht nicht mehr imstande bin, meine Reise in die Karibik anzutreten.

Change it, leave it or love it

Wie immer das Leben mit mir spielt: Ich habe die Wahl. Und indem ich von meiner Wahlfreiheit Gebrauch mache, mache ich mich zum Herrn meines Lebens. Ja, selbst wenn ich mich vor meinen Entscheidungen drücke, bleibe ich der Chef (weil ich ja aus freien Stücken auf meine Freiheit verzichte). Allerdings ein denkbar schlechter.
Wenn ich mit einer Situation konfrontiert bin, habe ich, unabhängig von der jeweiligen Situation, prinzipiell drei Möglichkeiten, von meiner Wahlfreiheit Gebrauch zu machen:

- change it – ändere es,
- leave it – gib es auf,
- love it – liebe es.

Kann ich Ja zu meinem Job sagen? Kann ich das, dann brauche ich ihn nur zu *lieben*. Kann ich das nicht, muss ich etwas an meiner Situation *ändern*. Will ich das nicht, muss ich den Job *aufgeben*.

Einspruch aus dem Jammertal

Doch halt! Eine Möglichkeit haben wir vergessen. Dabei machen wir so oft von ihr Gebrauch: Jammern.
Das Leben ist ein Jammertal, und das Büro ein Jammersaal … Diesen Eindruck hatte jedenfalls Beate L., als ihr Ehemann Franz am Abend des 13. April nach Hause kam. An diesem Tag war die Bombe geplatzt: Seine Bank würde mit einem Konkurrenzinstitut fusionieren, und Gott allein wusste, was aus ihm, dem Bereichsleiter »Vermögende Privatkunden«, in Zukunft werden sollte.
»Kannst du die Situation irgendwie ändern?«, fragte Beate.
Franz schüttelte resigniert den Kopf. »Nein, das kann ich nicht. Das entscheiden die Großen unter sich.«
»Nun, wenn du nichts ändern kannst, dann kannst du immerhin kündigen.«
»Kündigen?« Franz schüttelte noch einmal den Kopf. »Also, sooo weit muss ich deswegen ja auch nicht gehen.«
»Hmmm.« Beate dachte nach. »Ändern kannst du's nicht, kündigen willst du nicht. Ich glaube, dann bleibt dir nichts anderes übrig, als dich zu arrangieren. Du musst versuchen, das Beste daraus zu machen. Tu einfach so, als würdest du selbst es so wollen.«
»Das kann ich aber nicht!«, rief Franz verzweifelt.
»Dann hilft also nur noch Jammern?«, fragte Beate und streichelte ihm über das schüttere Haar.
»Jammern?« Franz schüttelte ein letztes Mal den Kopf. »Das will ich auch nicht.«
»Aber was willst du dann?« fragte ihn seine Frau.

Probe aufs Exempel: Übung 12

Können Sie Ja sagen zu Ihrem Leben? Machen Sie die Probe aufs Exempel: Wie sieht Ihre Antwort aus? In Bezug auf Ihren Lebenspartner, auf Ihren Beruf, auf Ihre Hobbys?

Wenn Sie uneingeschränkt Ja sagen können – wunderbar! Wenn nicht, was werden Sie ändern? In Ihrer Partnerschaft, in Ihrem Beruf, in Ihren Hobbys?

Und wenn Sie meinen, es sei nichts mehr zu retten: Wann werden Sie aus der Situation aussteigen? – Wenn Sie aber weder das eine noch das andere wollen, sondern glauben, jammern zu müssen: Wann hören Sie damit auf und fangen an, sich mit Ihrer Situation anzufreunden?

Entscheidungsfragen

Change it, leave it or love it. Wenn ich die Qual der Wahl habe, muss ich mich entscheiden, was ich wirklich will. Doch was will ich wirklich?
Im Grunde immer nur eins: Unglück vermeiden und möglichst glücklich sein. Damit habe ich aber ein Kriterium, das mir hilft, meine Entscheidung zu treffen:

- Welche Entscheidung ist denn nun am ehesten geeignet, mein persönliches Wohl zu mehren? Change it, leave it or love it?
- Wenn ich mich für eine der drei Möglichkeiten entschieden habe: Beinhaltet diese Entscheidung die Chance, auch langfristig zu meinem Wohl beizutragen?

- Wenn diese Entscheidung kurzfristig und langfristig meinem persönlichen Wohl dient: Ist sie auch vereinbar mit dem Wohl anderer Menschen, die von ihr betroffen sind?

Hilfreiche Veränderungen

Wenn ich in Entscheidungsnöten bin, kommt mir öfter, als mir paradoxerweise lieb ist, ein Faktor zugute, den ich auf den ersten Blick als Störfaktor empfinde, der sich aber auf den zweiten Blick als überaus hilfreich erweist.
Die Rede ist von den Veränderungen im Leben. Die kommen erstens anders und zweitens als man denkt und mir darum drittens in die Quere. Oder eben nicht.
Veränderungen *an sich* sind weder Fluch noch Segen, sie treten einfach ein, ohne mich zu fragen. Da sie das aber tun, empfinde ich sie wie ungebetene Gäste. Und rege mich entsprechend darüber auf.
Zum Beispiel, wenn von einem Tag auf den anderen mein Job auf der Kippe steht. Gestern wähnte ich mich noch so sicher auf meinem Bürostuhl wie ein Cowboy in seinem Sattel, heute heißt es plötzlich, von drei Kollegen sei einer zu viel, und dieser eine sei womöglich ich.
Was daran hilfreich ist? Ganz einfach: Die plötzliche Veränderung zwingt mich, Farbe zu bekennen. Mich auf mich selber zu besinnen, endlich zu entscheiden, was mir wirklich wichtig ist: die Sicherheit meines Arbeitsplatzes oder die Freiheit der Karibik.
Ohne die mögliche Kündigung würde ich wahrscheinlich bis zum St. Nimmerleinstag auf meinem Bürostuhl von der Karibik träumen: mit dem Hintern hier, mit dem Herzen dort – in ewiger Unentschiedenheit. So aber treffe ich meine Wahl. Ziehe ich einen Schlussstrich unter die Vergangenheit und breche ich auf zu neuen Ufern? Oder schlage ich mir die Südsee

aus dem Kopf und konzentriere mich so auf meinen Job, dass nicht ich der eine von den dreien bin, den die Firmenleitung »freisetzt«?

In diesem Sinn ist jede Veränderung im Leben eine Chance – die Chance, meinen Willen zu präzisieren.

Fragt sich also: Worauf soll ich meinen Willen richten?

10. Kapitel

Visionen und Ziele: Alles sinnlos oder was?

Zu Beginn der Sechzigerjahre formulierte John F. Kennedy, Präsident der Vereinigten Staaten von Amerika, einen Traum, den fortan sein ganzes Volk zusammen mit ihm träumte: Ein Amerikaner sollte der erste Mensch sein, der je den Mond betreten würde.

Mit dieser Vision stellte der junge Präsident den Amerikanern eine geradezu unerfüllbare Aufgabe. Zugleich aber gab er ihnen den Glauben an die alte Größe der Nation zurück. Und mit dem Glauben die alte Größe dazu.

Up, up and away

Kennedys Rede entfachte eine Leistungsexplosion, wie die Welt zuvor noch keine erlebt hatte. Ein Ruck ging durch das Land, vor allem aber durch die Forschungsabteilungen der NASA.

Seltsame Dinge trugen sich dort zu. Die Mitarbeiter arbeiteten buchstäblich bei Tag und bei Nacht. Wenn jemand unbedingt schlafen musste, tat er dies meist im Büro. Die Frauen brachten den Männern das Essen zur Arbeit. Trotzdem (oder gerade darum?) ging die Scheidungsrate drastisch zurück, ebenso der Missbrauch von Drogen und Alkohol sowie jede Form von Diebstahl. Gleichzeitig strebte die Zahl der Krankmeldungen gegen null. Müdigkeit, Erschöpfung, Dienst-nach-Vorschrift waren Fremdwörter. Vielmehr wurde Last zur Lust, Arbeit zur Leidenschaft.

Diese Euphorie währte fast ein Jahrzehnt. Bis am 20. Juli 1969 die amerikanische Raumfähre *Eagle* auf dem Mond landete und Neil Armstrong als erster Mensch der Welt den Mond betrat: »Ein kleiner Schritt für einen Menschen, ein Riesenschritt für die Menschheit.«

Was war da passiert? Von welchen guten Geistern waren die Amerikaner ein Jahrzehnt lang besessen?

Die Macht der Träume

Die Antwort ist ebenso einfach wie folgenschwer. Nicht Drohungen oder Prämien beflügelten die NASA-Forscher zu ihren Höchstleistungen, nicht die Aussicht auf Ruhm oder auf einen Karrieresprung; entscheidender Antrieb war vielmehr ihr gemeinsamer Traum, der Traum von der Mondlandung.

»Träume geben dem Leben Richtung und Sinn. Ohne sie wäre das Leben nur stumpfsinnige Plackerei.« Diese Sätze stammen weder von einem Dichter noch von einem Denker, sondern von Masaru Ibuka, dem Gründer der japanischen Firma Sony. Und der weiß, wovon er spricht. Der Aufstieg seines kleinen Ingenieurbüros aus den Trümmern des zerbombten Nachkriegs-Tokio zum Weltmarktführer in der Unterhaltungselektronik ist nichts weiter als ein Beleg seiner Worte, die Verwirklichung ein paar weniger Visionen.

»Visionen zeugen Zukunft«, so der Schweizer Marketing-Professor Kasimir M. Magyar. »Sie machen Unmögliches denkbar und Denkbares möglich.« Eine Vision ist das große »Ding« im Leben, das Ziel der Ziele, Sinn und Zweck des Handelns. Ob im Leben einer Nation, eines Unternehmens oder eines einzelnen Menschen: Visionen entfachen ein Feuer, das Tag und Nacht brennt und Arbeit zur Leidenschaft macht. Sie verwandeln Druck in Sog, innere Kündigung in Leistungswillen.

Visionen sind das Fernziel, für das es sich lohnt, alles zu geben. Sie eröffnen eine Perspektive, die die einzelnen Tätigkeiten in einen übergeordneten Horizont rückt. Sie sind das Maß, aus dem heraus sich konkrete Handlungsziele definieren, Etappe für Etappe, Schritt für Schritt: Wer auf dem Mond landen will, braucht Raketen; wer Raketen braucht, muss Triebwerke entwickeln, wer Triebwerke entwickelt, braucht Werkshallen – und so weiter und so fort.

Sinnstiftung

Was ich wo bis wann zu tun habe: Alles leitet sich aus dem großen Traum ab, aus meiner Vision. Die Vision gibt eine Richtung vor, setzt Prioritäten, bildet Kristallisationspunkte. Sie entscheidet, welches Ziel zu mir passt, welches nicht. Sie ist die Brille, die ich brauche, um die zahllosen Möglichkeiten, die das Leben mir bietet, überhaupt nutzen zu können.

Durch Ziele werden Visionen Wirklichkeit. Ohne Vision kein Ziel, ohne Ziel kein Weg, ohne Weg kein Resultat. Solange ich kein Ziel habe, weiß ich nicht, auf was ich meine Kräfte richten soll. Wer ins Blaue zielt, kann nicht ins Schwarze treffen. Wozu mich anstrengen, wenn ich nicht weiß wofür? Ohne Ziele bleibt alle Anstrengung vergeblich, weil beliebig. Ich tue (oder auch nicht), was mir gerade in den Sinn kommt, und entsprechend wurstle ich vor mich hin. Ziele hingegen, die einer Vision entspringen, verwandeln stumpfsinnige Plackerei in sinnvolle Arbeit.

Augenöffner

Ziele öffnen mir die Augen. Wenn ich kein Ziel habe, laufe ich blind wie ein Maulwurf durch die Gegend. Ich sehe die Dinge, doch nehme ich sie nicht wahr.
Das erlebt fast jeder junge Mensch bei seiner Berufswahl. Solange er nicht weiß, was er einmal machen will, hat er den Eindruck, als gebe es irgendwie keine und gleichzeitig viel zu viele Möglichkeiten für ihn. Er bespricht sich mit den Eltern, mit Freunden, mit Lehrern, mit Berufsberatern – doch ohne Erfolg. Angesichts der tausend und abertausend Alternativen ist er wie blockiert.
Ganz anders, wenn er mit einer klaren Zielvorstellung den Arbeitsmarkt ansieht. Wenn er zum Beispiel weiß, dass er einen technischen Beruf ergreifen möchte. Dann schwindet die Qual der Wahl, die Möglichkeiten gewinnen an Kontur, und plötzlich entdeckt er in der Zeitung genau die Lehrstelle, die zu ihm passt – obwohl er sie in der Vergangenheit vielleicht schon mehrmals überlesen hat.
Ziele helfen mir, Ordnung in das Chaos der Welt mit ihren unzähligen Möglichkeiten zu bringen. Wenn ich ein klares Ziel vor Augen habe, finde ich auch Mittel und Wege, das Ziel zu erreichen. Fehlt mir hingegen ein Ziel, geht es mir im Arbeitsamt wie im Wald mit den Bäumen: Vor lauter Chancen sehe ich die mögliche Lehrstelle nicht.
Ziele stecken mir ein Licht auf. Nur wenn ich weiß, was ich will, entdecke ich, was ich brauche. Und das sind nicht nur die Möglichkeiten, die der große Gabentisch der Welt mir bietet, sondern auch die Chancen, die in den Schatzkammern meines Innern verborgen liegen.

Kompetenzen entdecken

Ziele wecken meine schlummernden Fähigkeiten. Wenn ich keine Ziele habe, mag ich noch so talentiert sein, doch weiß ich nicht, wohin mit meinen Möglichkeiten.

Vor geistiger Kraft kaum denken konnte manchmal Edwin H. Land, ein überaus talentierter Physiker. Sein Kopf war angefüllt mit allen möglichen Theorien der Naturwissenschaften, seine Gehirnwindungen quollen förmlich über vor lauter physikalischen und chemischen Formeln.

Zum Beispiel, als er im Alter von vierunddreißig Jahren während eines Urlaubs in Santa Fé – man schrieb das Jahr 1943 – einen Ausflug mit seiner dreijährigen Tochter Jennifer unternahm. Um ein Andenken an den Tag zu haben, machte er ein Foto. Kaum hatte er den Auslöser gedrückt, überraschte Jennifer ihn mit einer verrückten Frage: »Warum kann ich das Foto nicht sofort sehen, Papa?«

Goethe zufolge ist alles Erfinden Antwort auf vernünftige Fragen. In diesem Sinn war die Frage des kleinen Mädchens ebenso genial wie naiv. Ja, warum konnte man eigentlich nicht *sofort* die Fotos sehen, die man geschossen hatte?

Die Frage löste in Edwin Land eine Art kreativer Ejakulation aus. Denn sie formulierte ein Ziel, das kein Fachmann der Welt je formuliert hatte. Dabei war ja alles da, was zur Realisierung einer Sofortbildkamera nötig war, lag brach in den Lehrbüchern der Physik und Chemie – und im Kopf von Edwin Land.

»Während ich durch die Stadt schlenderte«, erinnerte Land sich Jahre später, »machte ich mich daran, das Rätsel zu lösen, das Jennifer mir aufgeben hatte. Noch in derselben Stunde nahmen die Kamera, der Film, der ganze chemische Prozess so deutliche Umrisse an, dass ich völlig aufgeregt zu einem Freund lief, um ihm in allen Details eine Kamera zu beschreiben, die unmittelbar nach der Aufnahme ein Bild liefern konnte. Ich hatte alles so real vor Augen, dass ich mehrere Stunden für diese Beschreibung brauchte.«

Ziele strukturieren meine Kompetenzen. Nur wenn ich weiß, was ich will, entdecke ich, was ich wirklich weiß. Und wozu ich imstande bin.

Leistung steigern

Ziele bringen mich auf Trab. Wenn ich keine Ziele habe, trete ich auf der Stelle, drehe mich im Kreis oder gehe in die Irre. Oft bis an den Rand der Erschöpfung, doch immer ohne Sinn und Verstand.

Normalerweise bin ich von meiner Arbeit am Tage so erschöpft, dass ich am Abend nur noch in den Fernsehsessel sinke. Die Arme sind so schwer, dass selbst das Einführen der Salzstangen zur Anstrengung wird, und der Weg zum Kühlschrank ist so weit, dass mein Sohn ihn an meiner Stelle zurücklegen muss, um mir ein frisches Bier zu holen.

Seit meine Frau und ich aber beschlossen haben, eine Terrasse im Garten anzulegen, sieht die Welt ganz anders aus. Obwohl ich in der Firma so viel arbeite wie zuvor, komme ich abends topfit nach Hause und kann es gar nicht erwarten, mit dem Buddeln anzufangen. Im Garten grabe ich mit Spitzhacke und Spaten, dass mir der Schweiß in Strömen den Rücken runterläuft, bewege Erdmassen kubikmeterweise, schleppe Steine und Zementsäcke bis tief in die Nacht. Dabei habe ich sogar noch genug Energie, um mir ab und zu ein Bier aus dem Kühlschrank zu holen.

»Wer ein ausreichend starkes Warum hat«, so Nietzsche, »kann fast jedes Wie ertragen.« Mit dem erklärten Ziel, am Tag seines fünfzigsten Geburtstags, am 25. September 2002, den ersten Schritt aus dem Rollstuhl zu machen, in den ihn ein Reitunfall geworfen hatte, war Christopher Reeve, der im

Film den *Supermann* spielte, zum Supermann im wirklichen Leben geworden. Trotz seiner Querschnittslähmung trainierte er täglich wie ein Spitzensportler, organisierte Kongresse zur Erforschung seiner Krankheit, hielt Vorträge rund um die Welt, setzte sich für die Belange der Behinderten ein. Und behauptete von sich, ein glückliches Leben zu führen. Warum? Weil er ein Ziel hatte, für das es sich – trotz aller äußeren negativen Faktoren – zu leben lohnte.
Die Kehrseite der Medaille ist das Ruhestandssyndrom. Wann sterben die meisten Menschen? Etwa zwei Jahre nach der Pensionierung. Ihre Kräfte schwinden dahin, weil sie kein Ziel mehr haben, wofür sie Kräfte brauchen. Ganz anders Schauspieler, Künstler, Dirigenten. Keiner von ihnen kommt je auf den Gedanken, sich mit fünfundsechzig Jahren zur Ruhe zu setzen. Sie sind auch im hohen Alter noch zu Spitzenleistungen fähig. Weil sie noch Ziele haben, die ihnen auf den Nägeln brennen.
Ziele mobilisieren meine Kräfte. Nur wenn ich weiß, was ich will, wachse ich über mich hinaus. Allerdings unter einer Voraussetzung.

Eigene Ziele

Ziele öffnen die Augen für äußere Möglichkeiten, wecken schlummernde Talente in mir, setzen ungeahnte Kräfte frei. Brauche ich also nur zu beschließen, auf den Mond zu fliegen, Kfz-Mechaniker zu werden, eine Sofortbildkamera zu erfinden oder eine Terrasse im Garten anzulegen, um fortan ein erfolg-reicher und glücklicher Mensch zu sein?
Es kommt darauf an. Immerhin gibt es ja Menschen, die den Mann im Mond getrost den Mann im Mond sein lassen; sie sind bestimmt nicht bereit, auch nur eine Nachtschicht für ihn einzulegen. Meine Tochter wiederum mag keine Autos;

also wird ihr auf dem Arbeitsamt sicher keine Lehrstelle in einer Kfz-Werkstatt ins Auge springen. Mein Sohn interessiert sich nicht die Bohne für Fotografie; folglich ist es ziemlich unwahrscheinlich, dass die Aussicht auf eine Sofortbildkamera ihn zu kreativen Höchstleistungen anspornt. Und wenn ich meinem Schwager von der neuen Gartenterrasse vorschwärme, verschwindet er gelangweilt in der Küche, um sich ein Bier zu holen.

Die Welt wimmelt von guten Ideen – was man so alles mal machen könnte. Entscheidend aber ist, dass die Ziele, die ich mir setze, auch wirklich meine eigenen Ziele sind. Dass sie zu mir passen, Ausdruck meiner Persönlichkeit sind, meinen Vorstellungen vom richtigen Leben entsprechen. Weil nur solche Ziele sinnvolle Ziele sind. Und nur solche Ziele, die ich selbst als sinnvoll empfinde, motivieren mich, mehr aus mir und meinem Leben zu machen. Alle anderen Ziele aber – eben die »guten Ideen« – gehen mir (pardon!) am Allerwertesten vorbei.

Das Leben an sich hat keinen Sinn, Arbeit an sich hat keinen Sinn, Anstrengung an sich hat keinen Sinn. Sinn bekommt mein Leben, meine Arbeit, meine Anstrengung allein durch meine Ziele. Woran aber erkenne ich die Ziele, die meinem Leben, meiner Arbeit, meiner Anstrengung Sinn verleihen? Die stumpfsinnige Plackerei in sinn- und lustvolles Tun verwandeln?

Ganz einfach daran, dass solche Ziele mir auf den Nägeln brennen. Dass ich morgens beim Aufstehen Lust darauf habe, sie in die Tat umzusetzen. Dass es mir in den Händen juckt, sie endlich anzupacken. Dass sie mich locken, selbst wenn sie mich quälen, mich aber niemals gleichgültig lassen. Denn ein wirkliches Ziel ist, was mich beseelt.

Probe aufs Exempel: Übung 13

Welche Visionen, welche Ziele machen Ihr Leben lebenswert? Nehmen Sie bitte ein Blatt Papier und schreiben Sie sie auf. Sortieren Sie Ihre Visionen und Ziele dabei nach folgenden fünf Lebensbereichen:

- Beruf,
- Familie und Freunde,
- Vermögen und Besitz,
- Gesundheit,
- Persönlichkeit.

Diese fünf Bereiche sind wie die Finger einer Hand. Alle fünf sind gleich wichtig. Wenn mir jemand mit dem Hammer auf einen Finger haut und der tut weh, sage ich ja auch nicht: »Macht nix, die anderen vier sind okay.«
Ebenso ergeht es mir mit den fünf Lebensbereichen: Wenn einer nicht in Ordnung ist, kann ich die anderen vier nicht genießen. Was nützt mir das dicke Konto auf der Bank, wenn ich krank bin? Was nützt mir die tolle Karriere, wenn meine Familie zerbricht?
Doch jetzt Hand aufs Herz: Welche Visionen und Ziele streben Sie in den fünf Bereichen jeweils an? Und wenn Sie sie noch nicht anstreben: Welche Ziele wären alle Anstrengungen wert? Versuchen Sie bitte, die verschiedenen Ziele so klar wie möglich auf den Punkt zu bringen. Und prüfen Sie zugleich, ob und wie sie miteinander vereinbar sind.

Zurück auf der Erde

Und was wurde aus den NASA-Mitarbeitern, nachdem sie ihre Vision, ihr großes Megaziel erreicht hatten und Neil Armstrong auf dem Mond gelandet war?
Ihnen passierte, was fast jedem Studenten nach dem Examen passiert: Sie fielen in ein großes schwarzes Loch. Die meisten erschienen nur noch lustlos zur Arbeit, viele kamen zu spät, noch mehr gingen zu früh, ganze Scharen wurden krank, verfielen in Lethargie und Depression, und die Scheidungsrate schnellte in die Höhe – vom Alkohol- und Drogenkonsum ganz zu schweigen.
»*Post coitum animal triste* – nach dem Liebesakt versinkt das Tier in Trauer.« Oder, um noch einmal Sony-Gründer Masaru Ibuka zu zitieren: »Nichts ist erbärmlicher als ein Mensch, der aufgehört hat zu träumen.« Ohne Visionen und Ziele fehlt ihm der Lebensgrund, der Grund, für den es sich zu leben lohnt. Und es ergeht ihm wie dem Marathonläufer, der ohne zu murren die zweiundvierzig Komma soundsoviel Kilometer rennt, ja sogar noch die Kraft aufbringt, die letzten tausend Meter zu spurten, aber nach dem Ziel nicht mehr imstande ist, ohne fremde Hilfe den Weg zur Umkleidekabine zurückzulegen.

Merke: Ziele haben ist wichtiger als Ziele erreichen. Denn wir arbeiten nicht, um Ziele zu erreichen, sondern wir brauchen Ziele, um arbeiten zu können.

Durchstarten

Schwarzes Loch, Depression, Entkräftung: Wenn so das dicke Ende aussieht, soll ich da nicht lieber gleich auf Ziele und Visionen verzichten?
Das wäre eine Möglichkeit – statt nach dem Liebesakt in Trauer zu verfallen, die Liebe selbst zu streichen. Besser aber

ist, mir dann schon neue Ziele zu setzen, bevor ich das alte erreicht habe. In der Sprache der NASA: Noch während die erste Raketenstufe brennt, zünde ich die zweite, um in die nächste Sphäre durchzustarten.
Um aber in neue Sphären einzutreten, reicht es nicht aus, dass ich mir Ziele setze; damit ich sie erreiche, muss ich mich zudem auf meine Ziele programmieren.
Doch das ist wiederum ein Kapitel für sich.

11. Kapitel

Selbstprogrammierung: Wer's glaubt, wird selig!

Roger Bannister war ein bemerkenswerter Mann. Statt mit einer Frau ging er abends mit einem Wecker ins Bett. Nicht, um die Weckzeit für den nächsten Morgen einzustellen, sondern um sich vier endlos lange Minuten immer wieder eine Art inneren Film anzuschauen. Das heißt, vier Minuten waren es gerade nicht, sondern ein paar entscheidende Sekundenbruchteile weniger: exakt drei Minuten, neunundfünfzig Sekunden und vier Zehntel.
Dies tat er Abend für Abend. Nur so, glaubte er, konnte er ans Ziel seiner Träume gelangen.

Die Schallmauer

In den Fünfzigerjahren gab es im Sport eine Schallmauer, die weltweit als unüberwindbar galt: Kein Mensch, so die allgemeine Annahme, sei imstande, die Meile in einer Zeit unter vier Minuten zu laufen.
Diese Meinung stand so fest wie eine Mauer. Und als würde es noch nicht reichen, dass alle Mittelstreckenläufer der Welt vergeblich gegen die »Traummeile« anrannten, machten sich zahlreiche Wissenschaftler daran, zu beweisen, warum es physiologisch unmöglich sei, in weniger als vier Minuten eine Meile auf zwei Beinen zurückzulegen. Die Sauerstoffzufuhr sei zu gering,

außerdem erfolge der Blutaustausch viel zu langsam. Und so weiter und so fort.

Die vier Minuten markierten also eine klassische Ideengrenze: Die Erfahrungstatsache, dass noch kein Mensch die Meile in weniger als vier Minuten gelaufen war, hatte sich – in den Köpfen der Leute – in ein Naturgesetz verwandelt.

Bis Roger Bannister eines Tages damit anfing, den Wecker neben sich auf den Nachttisch zu stellen.

Der Durchbruch

Was trieb Roger Bannister Abend für Abend mit seinem Wecker im Bett?

Er trainierte. Nicht mit seinen Beinen – das tat er tagsüber reichlich –, sondern in seinem Kopf. Während der Wecker tickte, stellte er sich vor, wie er die Meile lief, vom Start bis zum Ziel, Meter für Meter, Sekunde für Sekunde, bis zum beifallumtosten Finish, und zwar immer genau in drei Minuten, neunundfünfzig Sekunden und vier Zehnteln. Weil er – aller Welt zum Trotz – es durchaus für möglich hielt, dass man, dass ER die Meile in dieser Zeit schaffen konnte.

Und dann, am 6. Mai 1954, wurde sein Traum Wirklichkeit. Roger Bannister lief als erster Mensch der Welt die Meile unter vier Minuten.

Seine Zeit? 3:59:04 min!

Kollektive Deblockade

Visionen machen Unmögliches denkbar und Denkbares möglich: Das hatte Roger Bannister sich und der Welt bewiesen. Und auf einmal hatten alle, die ihn vorher für verrückt erklärt hatten, nichts Eiligeres zu tun, als seiner Beweisführung zu folgen.

Denn die eigentliche Sensation passierte nach Bannisters Jahrhundertlauf. Dass er die vier Minuten »geknackt« hatte, war eine so großartige Leistung, dass sie im Frühjahr 2000 von der amerikanischen Sportzeitschrift *Track & Field News* zur größten Einzelleistung der Leichtathletik des letzten Jahrhunderts gekürt wurde – doch das war nicht das Entscheidende. Alle Rekorde fallen irgendwann. Entscheidend war die kollektive Deblockade, die Bannister mit seinem Rekord auslöste.
Noch im selben Jahr 1954 liefen siebenunddreißig andere Läufer die Meile in einer Zeit unter vier Minuten, und in den beiden Folgejahren unterboten mehr als dreihundert Sportler die alte (Alb-)Traummarke. Was bis zu Bannisters Lauf für unmöglich gehalten worden war, war durch sein Beispiel denkbar und darum möglich geworden. Nicht nur für einen begnadeten Ausnahmeathleten, sondern für die ganze Welt der Leichtathletik.
Wie ist das zu erklären?

Imagination

Wie so oft bei spannenden Fragen, liegt die Antwort in uns selbst: in der Natur des Menschen.
Wären wir Menschen Tiere, müssten wir uns beim lieben Gott selber reklamieren. Tiere sind in einer Hinsicht viel besser ausgestattet als wir; sie haben ein eingebautes Steuerungssystem, bestehend aus ihren Instinkten, das sie bis ans Ende ihrer Tage relativ sicher leitet. Sobald sie auf die Welt kommen, wissen sie, was sie zu tun haben: was sie fressen dürfen und was nicht, ob sie sich besser zu Wasser, zu Lande oder in der Luft fortbewegen, wer ihre natürlichen Freunde, wer ihre natürlichen Feinde sind.
Wir Menschen haben dagegen nur sehr wenige Instinkte, und die sind außerdem ziemlich schwach ausgeprägt. Weder wissen

wir »von selbst«, was wir zu tun haben, noch reagieren wir auf äußere Reize in immer gleicher Weise. Weil uns aber die Instinkte fehlen, können wir die Not zur Tugend machen und unser Verhalten selber steuern.
Zum Beispiel mit der Kraft der Vorstellung: per Imagination.

Beim Frühstück

Der Mensch handelt nicht »von selber«. Dafür ist er mit (mehr oder weniger) Vernunft begabt. Und tut deshalb das, was er sich vorstellt.
Dafür braucht er allerdings ein Ziel: Er muss wissen, was er will. Schon morgens beim Frühstück. Vielleicht knurrt mir der Magen, doch kein Instinkt sagt mir, was ich essen soll. Vielmehr habe ich die Qual der Wahl: Soll es ein Müsli oder ein Brötchen sein? Ein Stück Obst oder ein Croissant?
Solange ich mich nicht entschieden habe, können meine Hände nichts tun. Erst wenn ich weiß, heute soll es mal wieder ein Schinkenbrötchen sein, treten sie in Aktion.
Der Clou dabei: Denken brauche ich nur bis zur Entscheidung. Ist das Ziel programmiert, geht der Rest fast wie von selbst. Bei der geistigen Vorstellung des Ziels – »Schinkenbrötchen« – ruft das Gehirn Informationen aus verschiedenen Schichten des Unterbewusstseins ab, damit der Körper die für die Durchführung notwendigen Funktionen ausüben kann.
Das ist leichter getan als gesagt. Obwohl das Schmieren eines Brötchens ein ziemlich komplexer Vorgang ist, denke ich mir so gut wie nichts dabei, sondern tue es einfach. Ich muss nur wissen, dass ich ein Brötchen schmieren möchte, das genügt, um alle dazu nötigen Handlungen zu strukturieren, vom Öffnen des Kühlschranks bis zum Belegen des Brötchens mit dem Schinken: Ist die Zielvorstellung klar, geschieht der Rest wie von Geisterhand.

Genauso geht's beim Kaffeetrinken weiter. Wenn ich Kaffee trinken möchte, brauche ich nicht erst groß zu überlegen, was ich dafür alles tun muss. Sobald ich weiß, dass ich einen Schluck Kaffee will, kramt das Gehirn in meinem Unterbewusstsein und findet dort die meisten Handlungsanweisungen gespeichert, die es braucht: dass ich mit der einen Hand die Kaffeekanne hochheben und mit der anderen den Deckel festhalten, dann einschenken, die Kanne abstellen und schließlich die Tasse an die Lippen führen muss, am besten vorsichtig, um mich nicht zu verbrennen, wobei ich natürlich nicht vergessen darf, die Lippen zu öffnen, weil sonst der Kaffee nicht in meinen Mund gelangt.

Navigationssysteme

Ginge es nicht um so eine triviale Sache wie mein Frühstück, wäre hier von mentalem Training die Rede. Denn ohne mein Frühstück zu überschätzen: Ganz ähnlich wie ich mich morgens aufs Brötchenschmieren und Kaffeetrinken programmiere, hat sich Roger Bannister abends auf seinen Jahrhundertlauf programmiert. Er hat sich ein klares Ziel vorgenommen – die Meile in 3:59:04 min –, und dieses Ziel Abend für Abend bestätigt, durch mentales Training. Während der Wecker tickte, programmierte er mit Hilfe des vorgestellten Ziels sein Unterbewusstsein, das daraufhin die interne Suchmaschine in Gang setzte, um die für den Rekordlauf nötigen Verhaltensweisen zu ermitteln.
Ob Roger Bannister oder meine Wenigkeit: Wir praktizieren bei tausend alltäglichen Verrichtungen mentales Training. Indem wir über eine Zielvorstellung Programme abrufen, die dann unser Handeln steuern. Und nichts anderes passiert, wenn ich mit einem Pferd über ein Hindernis springen will. Dann gehen Abertausende von Signalen an meine Muskeln

und Glieder – welche gebraucht werden, welche nicht, welche sich dehnen, welche sich zusammenziehen müssen –, so dass diese dann ganz von allein wissen, was sie zu tun haben, wenn ich auf den Moment des Sprungs zugaloppiere.
Ob beim Brötchenschmieren oder beim Kaffetrinken, beim Mittelstreckenlauf oder beim Sprung über den Oxer – um die nötigen Informationen zur körperlichen Ausführung zu liefern, braucht das Unterbewusstsein in allen Fällen eins: ein klar definiertes Ziel. Darin gleicht das menschliche Steuerungssystem einem Navigationssystem im Auto, das ja auch nur eine Streckenführung entwickeln kann, wenn es weiß, wohin die Reise geht. Ich kann der beste Fahrer der Welt sein, das beste Auto und das beste Navigationssystem haben: Ist das Ziel nicht eingegeben, komme ich nirgendwo hin. Ist das Ziel aber gespeichert, findet das System in der Vielzahl von Autobahnen, Straßen und Wegen die optimale Verbindung; ja, es liefert mir sogar Alternativen, wenn ich mich zwischendurch verfahre oder sich mir plötzlich Hindernisse in den Weg stellen.

Erfahrungsschätze

Bleibt die Frage: Woher soll mein Unterbewusstsein wissen, welche Informationen ich gerade zur Durchführung eines bestimmten Handlungsablaufs brauche? Wenn mein Bewusstsein schon nicht Bescheid weiß, ist dann mein Unterbewusstsein mit dieser Aufgabe nicht erst recht überfordert?
Keineswegs. Auf mein Bewusstsein bilde ich mir zwar jede Menge ein – vielleicht sogar zu Recht –, doch der reichere Teil meiner Persönlichkeit ist mein Unterbewusstsein. In seinem Dunkel ruht der ganze Reichtum meines Lebens, liegen sämtliche Erfahrungen gespeichert, die ich auf Erden seit meiner Geburt gemacht habe, und warten auf ihren Abruf. So wie im Navigationssystem meines Autos unzählige Landkarten Deutsch-

lands, Europas und der Welt eingespeist sind, auf die der Autopilot im Moment meiner Anfrage zugreifen kann.
Darum kann mir mein Unterbewusstsein in fast allen Lebenslagen die nötigen Informationen beschaffen. Ich muss ihm nur sagen, wofür: welches Ziel ich mit seiner Hilfe erreichen will.

Probe aufs Exempel: Übung 14

Erfolg fängt im Kopf an, also muss man ihn auch im Kopf trainieren! Mentales Training aber ist kein Hexenwerk. Das Prinzip ist ganz einfach: Bei der geistigen Vorstellung eines Ziels ruft das Gehirn Informationen aus dem Unterbewusstsein ab, damit der Körper die zur Erreichung des Ziels notwendigen Funktionen ausführen kann.

Beschreibung der Bewegungsabläufe siehe nächste Seite.

Probieren Sie es an sich selber aus! Nehmen Sie dazu Aufstellung an einem Ort, wo Sie bei ausladenden Armbewegungen nicht gleich irgendwelche Gegenstände umstoßen. Stellen Sie sich breitbeinig hin, die Füße etwa schulterweit auseinander, und versuchen Sie nun, mit ausgestrecktem Arm den Rumpf so weit in der Hüfte nach hinten zu drehen, wie Sie nur können. Die Füße bleiben dabei fest auf dem Boden.
Worauf zeigt die Spitze Ihres ausgestreckten Arms? Bitte merken Sie sich den Punkt.
Dann kehren Sie bitte in die Ausgangsstellung zurück, schließen Sie die Augen und stellen Sie sich vor, wie Ihre Hand bei abermaliger Rumpfdrehung am Ende Ihres ausgestreckten Arms einen halben Meter über den eben erreichten Punkt hinausgeht. Konzentrieren Sie sich ein paar Augenblicke auf dieses Bild. Dann öffnen Sie bitte die Augen und wiederholen Sie die Übung in der Praxis.
Wetten, dass Sie diesmal viel weiter kommen als beim ersten Versuch?!

Grenzverschiebungen

Sage mir deine Ziele, und ich sage dir, wie weit du kommst! Natürlich gibt es keine Garantie, dass mentales Training in allen Lebenslagen zu den erwünschten Grenzverschiebungen führt, doch immerhin ist die Wahrscheinlichkeit ziemlich groß. Und darum in fast jedem Fall einen Versuch wert.
Roger Bannister hat vorgemacht, dass und wie es geht, beim Rumpfdrehen mache ich es nach: Durch die (neue) Zieleingabe verbessere ich schlagartig meine Fähigkeiten, verschiebe

ich die Grenzen meiner Möglichkeiten in bislang unbekannte Dimensionen.
Spitzensportler machen von der Methode täglich Gebrauch, und das aus guten Gründen. Wenn ich ohne mentales Training die Kugel einundzwanzig Meter weit stoße, schaffe ich mit mentalem Training vielleicht einundzwanzig Meter fünfzig. Das sind zwar nur wenige Zentimeter Unterschied, doch eben die entscheiden, wo ich bei der Olympiade lande: abgeschlagen auf Platz acht oder oben auf dem Siegertreppchen.

Programmvielfalt

Weniger Instinkte steuern mein Verhalten als vielmehr Programme, die durch die Eingabe von Zielen ausgelöst werden. Wenn ich mich für moderne Kunst interessiere, sehe ich plötzlich überall Picassos: nicht nur im Museum oder in der Kunsthandlung, sondern auch in der Maserung eines Tischfurniers oder in den Regenschlieren an der Fensterscheibe.
Ist meine Frau gerade schwanger, klickt die innere Suchmaschine den Begriff »schwangere Frauen« an; will ich einen Opel Corsa kaufen, fahren auf der Straße plötzlich nur noch Opel Corsas. Permanent verändert sich die Welt mit ihren Möglichkeiten, je nachdem, welches Programm ich gerade »geladen« habe.
Diese Programmvielfalt übersteigt die im Fernsehen bei weitem. Weshalb es im wirklichen Leben noch mehr als im Fernsehsessel darauf ankommt, für welches Programm ich mich entscheide. Denn schon die Frage, ob die Welt gut ist oder schlecht, hängt von meiner ganz persönlichen Programmauswahl ab.

Zwei Welten

Wenn Onkel Eugen sagt: »Die Welt ist gut!«, Tante Friedchen dagegen behauptet: »Die Welt ist schlecht!« – wer von ihnen hat dann Recht?
Natürlich beide! Denn beide können ihre These beweisen. Onkel Eugen hat hundert Belege für seine, Tante Friedchen hundert für ihre Sicht der Dinge. Weil beide in der Welt nur sehen, was ihrem persönlichen Programm entspricht. Beide tun programmgemäß nichts anderes, als Beweise für ihre jeweilige Ansicht zu suchen. Und wer suchet, der findet.
Jeder Streit, jeder Konflikt beruht auf einer solchen Differenz in der programmatischen Ausrichtung. Wer grün sucht, sieht grün; wer rot sucht, sieht rot; wer schwarz sucht, sieht schwarz: Onkel Eugen und Tante Friedchen nicht anders als die Anhänger von politischen Parteien und ihren Programmen. Eingeschworen auf ihre jeweiligen Programme, verbringen sie ihr Leben damit, nach Bestätigungen für diese Programme zu suchen.

Von Elefanten und Flöhen

Wenn Programme mein Handeln bestimmen, wie lerne ich dann Programme? Ganz ähnlich wie Elefanten und Flöhe: durch Erfahrung. Und aus der wird man (nicht immer) klug.
Wie lernt ein indischer Arbeitselefant, in welchem Radius er sich auf seiner Baustelle bewegen darf? Dadurch, dass er angekettet wird. Spannt die Kette und reißt sie an seinen Beinen, so weiß er Bescheid: Bis hierher und nicht weiter!
Diese Erfahrung macht der Elefant ein paar hundert Mal, dann sitzt sie in seinem dicken Elefantenschädel fest. Die Grenzen, die er durch die Kette erlernt hat, wird er für alle Zeit respektieren. Auch dann, wenn sein Führer die Kette längst entfernt hat.

Ganz ähnliche Erfahrungen macht der Floh bei seiner Dressur im Flohzirkus. Warum springt er nicht aus seinem oben offenen Glaskasten heraus, obwohl er doch anderthalb Meter hoch hüpfen kann? Weil er gelernt hat, es besser sein zu lassen. Denn zu Beginn seiner Ausbildung wird der Kasten mit einer Glasplatte bedeckt. Springt der Floh hoch, landet er mit dem Kopf an der Glasplatte und es macht *doing*. Also springt er beim nächsten Mal ein bisschen weniger hoch – schon macht es ein bisschen weniger *doing*. Und der kluge Floh begreift: Je weniger hoch, desto weniger *doing*! Schließlich springt er nur noch so hoch, dass er die Glasplatte nicht mehr berührt.
Auf diese Weise werden Erfahrungsgrenzen zu Ideengrenzen. Bei Elefanten, bei Flöhen – und nicht zuletzt bei uns Menschen.

Negative Suggestionen

Wenn etwas in der Vergangenheit nicht klappte, dann ist das eine Erfahrungsgrenze. Wenn ich nun den Schluss ziehe, dass das, was sich in der Vergangenheit als unmöglich erwies, eben darum für alle Zeiten unmöglich sein muss, ziehe ich mit diesem Schluss zugleich eine Ideengrenze in meiner Vorstellungswelt ein. Und schleppe fortan das entsprechende Brett vor dem Kopf mit mir herum.
Auf solche Ideengrenzen werde ich mit Informationen programmiert. Wenn ich das nicht selber tue, sorgen Eltern, Lehrer und andere Menschen aus meinem Umfeld dafür.
»Das kannst du nicht« *(doing!)*, »Dazu bist du zu klein, zu dick, zu dumm« *(doing!)*, »Für so etwas haben Jungen / Mädchen kein Talent« *(doing!)*: Rund 148 000 solcher *Doings* beziehungsweise negativer Suggestionen – so das Ergebnis einer Studie der Harvard-Universität – prasseln bis zum achtzehnten Lebensjahr auf jeden Menschenfloh ein. Bis er schließlich selber glaubt, dass er besser nicht in die Höhe springt, also gerade das nicht

ausprobiert, was er gern können würde. Weil er ja zu klein, zu dick oder zu dumm ist.
Das aber prägt er sich ein. Oft für alle Zeiten, wie ein Elefant.

Kollisionsprogramme

Schuster, bleib bei deinem Leisten! Das ist die zentrale Botschaft der negativen Suggestionen. Auch wenn der Adressat dieser Botschaft gar kein Schuster ist – Hauptsache, er bleibt bei seinem Leisten und entwickelt sich nicht weiter.
Das Problem dabei ist nur: Wir Menschen (im Gegensatz zu Elefanten und Flöhen) sind keine fertigen Wesen – weder individuell noch als Gattung –, sondern auf Weiterentwicklung angelegt. Die Menschheit hat sich nicht mit dem Neandertaler begnügt, und auch das faulste Individuum verspürt in seinem Innern das Bedürfnis, mehr aus sich und seinen Fähigkeiten zu machen. Das ist unser genetisches Programm. Wenn nun darauf die Erziehung mit ihrem Gegenprogramm vom Schuster und dem Leisten aufsetzt, entsteht eine Situation, die jeder Autofahrer kennt: Vollgas bei angezogener Handbremse.
Muss man sich da wundern, wenn die Reifen quietschen, die Energie auf der Strecke bleibt?

Tralala

Eine sehr verbreitete negative Suggestion lautet: »Du kannst nicht singen!« Ob direkt vorgetragen (»Hör bitte damit auf!«) oder eher indirekt (»Was hat dein Bruder nur für eine wunderbare Stimme!«), die Botschaft bleibt immer dieselbe: »Du kannst nicht singen!«
Die erste Lektion einer solchen Gesangsausbildung bekommt der Durchschnittsdeutsche im Alter von etwa zwei Jahren. Er

sitzt am Mittagstisch und trällert fröhlich los – und der Bruder (meistens der mit der wunderbaren Stimme) hält sich mit schmerzverzerrtem Gesicht die Ohren zu. Im Kindergarten heißt es dann: »Geh du mal in die zweite Reihe«, im Schulchor wird er später gebeten, ein bisschen leiser zu singen, so dass er bei der Bundeswehr nur noch nach einem halben Kasten Bier seine Stimme erhebt.

Aber können die, die angeblich nicht singen können, wirklich nicht singen? Singen diese Leute denn nie? Doch, im Auto oder in der Badewanne. Also können sie ja doch singen! Man hat ihnen nur eingeredet, dass sie nicht *schön* singen.

Weshalb sie nur noch dann singen, wenn sie allein sind oder betrunken oder beides.

Singe, wem Gesang gegeben!

Ebendies war der Fall bei einem jungen Mann in Neapel, gegen Ende des 19. Jahrhunderts. Der Chorleiter seiner Kirchengemeinde war der Meinung, er habe eine hübsche Stimme, und vermittelte ihn an einen berühmten Gesangslehrer, damit aus ihm ein Sänger würde.

Der Gesangslehrer aber schlug die Hände über dem Kopf zusammen. »Der Junge kann nicht singen!«, so sein erstes und abschließendes Urteil. »Aus dem wird nie ein Sänger!«

Der Junge war am Boden zerstört, denn er tat nichts lieber als singen. Doch wenn er nicht singen konnte, wer würde ihm schon zuhören wollen? In seinem Elend betrank er sich ganz fürchterlich. »*Ubbriaco*! Säufer!«, riefen die Nachbarn, als er des Nachts durch die Gassen von Neapel nach Hause schwankte und sich das Herz samt seinem Kummer aus dem Leibe sang. Seine Mutter verprügelte ihn, bis er wieder nüchtern war; dann fragte sie ihn, was los sei. »Der Gesangslehrer hat gesagt, dass ich nicht singen kann«, stotterte er. »So, hat er das?«, fragte die

Mutter zurück. »Na und? Dann müssen wir eben den Gesangslehrer wechseln!«
Sie beließ es nicht bei den Worten – Gott sei Dank! Denn ihr Junge war nicht irgendwer.
Sein Name? Enrico Caruso. Er gilt heute als der größte Sänger aller Zeiten.

Mamma Caruso

An Mamma Caruso können wir uns ein Beispiel nehmen! Sie hat ihr Ziel immer klar vor Augen behalten. Und darum brauchte sie keine Sekunde, um die richtige Entscheidung zu treffen.
Das Unterbewusstsein unterscheidet nicht zwischen wahr und falsch, zwischen Realität und Einbildung, zwischen Ernst und Spaß. Für das Unterbewusstsein ist alles wahr, alles Realität, alles Ernst. Nur so kann es seine Programme abspulen: Wenn ich mich darauf konzentriere, dass ich nicht singen kann, tut mein Unterbewusstsein alles, um mich davon zu überzeugen, dass ich nicht singen kann; setze ich aber alles daran, ein Sänger zu werden, wird mein Unterbewusstsein alle Möglichkeiten aktivieren, mich auf dem Weg zu diesem Ziel zu unterstützen.
Auf eine Formel gebracht: Habe ich ein positives Ziel, löse ich damit ein positives Programm aus; konzentriere ich mich auf ein negatives Ziel, spule ich ein negatives Programm ab.

Der Golfball

Wer einmal einen Golfschläger in der Hand hatte, weiß, wovon die Rede ist.
Auf jedem Golfplatz gibt es einen magischen Ort, der die Golfbälle wie ein Magnet anzieht: den Teich. Darin verschwinden

die teuren Bälle wie einst die Ozeandampfer im Bermuda-Dreieck.
Gibt uns das Bermuda-Dreieck vielleicht noch manches Rätsel auf, lässt sich die Magie des Golfteichs relativ leicht erklären. Warum sausen die Bälle so gern ins Wasser? Weil sie das gerade nicht tun sollen!
Jeder Golfer fürchtet nichts so sehr wie einen Ausflug in den Teich. Also konzentriert er sich beim Abschlag mit aller Macht darauf, dass der Ball nur ja nicht im Teich landet. Doch das genau ist der Fehler. Wenn ich mich darauf konzentriere, den Teich möglichst weiträumig zu meiden, versteht mein Unterbewusstsein vor allem, dass der Teich im Zentrum steht. Also begreift es den Teich als das Ziel und tut nun alles dafür, dieses Ziel zu treffen.

Negative Befehle

Das Unterbewusstsein versteht keine negativen Befehle (oder tut sich damit zumindest sehr schwer). Wenn jemand zu mir sagt: »Denk nicht an einen rosa Elefanten!« – woran denke ich dann? Natürlich an einen rosa Elefanten. Und wenn mir jemand in holprigem Gelände zuruft: »Fall bloß nicht hin!« – was passiert dann? Ich gerate ins Stolpern.
Wer auf dem Golfplatz den Teich vermeiden will, darf nicht an den Teich denken. Vielmehr muss er sich auf das Grün konzentrieren, denn das ist sein Ziel. Wenn er das ins Visier nimmt, dann – und nur dann – sendet sein Unterbewusstsein die Signale an seine Muskeln und Sehnen, die nötig sind, um einzulochen. Und der Teich spielt für die Flugbahn keine Rolle.
Nicht anders verhält es sich mit dem rosa Elefanten. Wenn man mir sagt: »Denke an einen blauen Teddybären!« – welche Veranlassung habe ich dann, an einen rosa Elefanten zu denken?
So oder so: Das Unterbewusstsein sucht immer das »richtige«

Programm für den Körper zur Durchführung aus – das Programm, das zu dem jeweils vorgegebenen Ziel passt. Ob mein Ball im Teich oder in Loch 3 landet, ist also meine Wahl. Wie aber kann ich mich richtig programmieren? Negative Programme durch positive Programme ersetzen?

Probe aufs Exempel: Übung 15

Wie unterschiedlich das Unterbewusstsein auf positive und negative Vorgaben reagiert, können Sie mit einer einfachen Übung ausprobieren. Dazu brauchen Sie nur einen Partner, der seinen linken Arm seitwärts ausstreckt. Hat er das getan, bitten Sie ihn, so stark wie möglich gegenzuhalten, während sie versuchen, mit Ihrem rechten Arm seinen Arm herunter zu drücken. Drücken Sie nicht mit Gewalt, sondern nur so fest, dass Sie den Widerstand spüren. Stützen Sie ihn dabei, indem Sie Ihre linke Hand auf seine rechte Schulter legen.

Haben Sie gespürt, wie viel Energie Ihr Partner Ihnen entgegenzusetzen hat? Wiederholen Sie den Versuch, doch malen sie zuvor einen Frusti auf ein Blatt Papier und bitten Sie Ihren Partner, während des Versuchs den Frusti anzuschauen. Spüren Sie, wie seine Kräfte nachlassen? Falls Sie der Sache nicht trauen: Machen Sie die Gegenprobe mit einem Smily!

Wenn Ihr Partner sich auf dieses freundliche Gesicht konzentriert, werden seine Kräfte spürbar steigen. Positive Infos: viel Energie, negative Infos: wenig Energie. Sie können den Versuch auch mit Worten und Gedanken variieren. Begriffe wie »Krankheit« oder »Tod«, die Sie während des Versuchs nennen, führen zu einem Nachlassen der Energie bei Ihrem Partner, Begriffe wie »Liebe« oder »Leidenschaft« zu einem Ansteigen. Die stärksten Effekte stellen sich ein, wenn Sie Ihren Partner bitten, sich während des Muskeltests erst eine besonders unangenehme oder schlimme und sich dann eine besonders schöne oder großartige Situation vorzustellen. Nichts beeinflusst unsere Energie mehr als der unmittelbare Gedanke im Kopf.

Mit allen fünf Sinnen

Um mich auf ein Ziel zu programmieren, muss ich drei Dinge tun:

- *Ich muss mein Ziel positiv formulieren:* Statt zu sagen »Ich will den Ball nicht in den Teich schlagen«, sage ich: »Ich will den Ball aufs Grün schlagen.«
- *Ich muss das Ziel konkretisieren:* Statt zu sagen »Ich will den Ball aufs Grün schlagen«, sage ich: »Ich will den Ball an die Fahne schlagen.«
- *Ich muss das Ziel imaginieren:* Statt mein Ziel nur in Worte zu fassen, male ich mir aus, wie ich mein Ziel erreiche.

Je intensiver ich mir vorstelle, wie ich mein Ziel erreiche, um so nachhaltiger programmiere ich mein Unterbewusstsein auf mein Ziel. Dazu benutze ich alle meine fünf Sinne: Ich sehe nicht nur, wie der Ball in Loch 3 versinkt, sondern höre auch das Plopp, mit dem er hineinfällt, spüre das angenehme Kribbeln des Gelingens auf meiner Haut, rieche das frische Gras des Grüns – ja, schmecke auf der Zunge schon den prickelnden Champagner bei der Siegerehrung.

Probe aufs Exempel: Übung 16

Möchten Sie einmal spüren, wie die Kraft der Imagination körperliche Reaktionen bei Ihnen hervorruft? Wie die sinnliche Vorstellung Ihre Sinne aktiviert?
Dann machen Sie folgendes Experiment. Stellen Sie sich vor, Sie sitzen in Ihrer Küche. Auf dem Tisch steht ein Obstkorb mit verschiedenen Früchten, ein Apfel, eine Birne, eine Banane, eine Orange – eine Zitrone. Die hat es Ihnen angetan. Stellen Sie sich nun vor, Sie schnei-

den die Zitrone ganz langsam auf, in vier Teile, betrachten das saftige Fruchtfleisch und beißen genüßlich hinein.
Spüren Sie, wie Ihnen das Wasser im Munde zusammenläuft? Wie plötzlich der Speichel einschießt?
Wenn nicht, dann postieren Sie sich beim nächsten Schützenfest vor einer Blaskapelle und beißen Sie in eine Zitrone, aber so, dass die Blechbläser Sie sehen. Sie werden über die plötzliche Katzenmusik staunen.

Kühles feuchtes Moos

Ob im Mund der Speichel einschießt oder die Blechbläser der Schützenkapelle nicht mehr weiterspielen können: Die Erklärung ist in beiden Fällen gleich. Bei der Vorstellung vom Biss in die Zitrone ruft das Gehirn automatisch alle Informationen zum Thema Zitrone ab. Die Folge: Der Körper richtet sich mit seinen Reaktionen auf ein physisches Geschehen ein, obwohl dies nur in der Phantasie stattfindet.
Nicht anders funktioniert der Feuerlauf. Was beeindruckt uns am meisten, wenn ganz normale Menschen plötzlich über glühende Kohlen gehen? Die physische Leistung. Doch die eigentliche Sensation ist eine andere. Physikalisch ist der Feuerlauf im Grunde kein Problem, jeder gesunde Körper ist dazu imstande. Nur das Gehirn sagt – oder schreit – dazu nein. Die Vorstellung, nicht die Durchführung, ist unerträglich. Darum, und nur darum, bedarf es der mentalen Vorbereitung.
Was ist dabei der Witz? Derselbe wie beim Biss in die Zitrone. Nur dass die Feuerläufer sich nicht vorstellen, in eine Zitrone zu beißen, sondern in ihrer Phantasie über kühles feuchtes Moos laufen. Weshalb die Fußsohlen reagieren, als ob sie über

kühles feuchtes Moos laufen würden, obwohl es in der Realität doch glühende Kohlen sind.
»Einbildung ist auch 'ne Bildung!« Ob Wirklichkeit oder nicht: Das Unterbewusstsein glaubt, was die Imagination ihm vorstellt, und löst im Körper die entsprechenden Reaktionen aus. Will ich diese aber verbessern, muss ich folglich meine Imagination verbessern.
Bleibt nur die Frage: Wie?

Hören und Sehen

Jeder Mensch, der seine fünf Sinne beisammen hat, verfügt über entsprechend viele Wahrnehmungskanäle. Über Hören und Sehen, Riechen, Schmecken und Tasten erfahre ich, was in der Welt passiert.
Dabei funktionieren die verschiedenen Wahrnehmungskanäle unterschiedlich gut: Ob und mit welcher Intensität eine Information eine Wirkung in mir auslöst, hängt entscheidend davon ab, über welchen Kanal ich sie empfange.
Welcher Aufforderung messe ich größere Autorität bei? Der optischen oder der akustischen? Der Volksmund weiß die Antwort: Ein Bild sagt mehr als tausend Worte. Was ich sehe, das nehme ich für bare Münze; was ich aber höre, das geht mir meist zu einem Ohr herein und zum anderen wieder heraus.

Bilder, Bilder, Bilder

Bilder sind die Könige der Imagination. Mit ihrer Hilfe kann ich mir noch nach Jahren vergegenwärtigen, was sich sonst in Sekunden verflüchtigt.
Zum Beispiel diese zwei Sätze: »Zweibein saß auf Dreibein und aß Einbein; da kam Vierbein und stahl Zweibein das Einbein.

Daraufhin nahm Zweibein das Dreibein und schlug Vierbein auf den Kopf.«
Will ich mir die Worte merken, habe ich kaum eine Chance, sie nach fünf Minuten korrekt zu wiederholen. Übersetze ich die Worte aber in Bilder, kann ich den Satz auch noch nach einem Jahr frei aus dem Gedächtnis zitieren.
Dazu brauche ich mir nur eine simple Szene vorzustellen: Ein Mann sitzt auf einem Schemel und nagt an einem Knochen; plötzlich kommt ein Hund herbei und schnappt dem Mann den Knochen weg. Der Mann nimmt den Schemel und schlägt ihm dem Hund auf den Kopf.
»Zweibein (= Mann) saß auf Dreibein (= Schemel) und aß Einbein (= Knochen). Da kam Vierbein (= Hund) und stahl Zweibein (= Mann) das Einbein (= Knochen). Daraufhin nahm Zweibein (= Mann) das Dreibein (= Schemel) und schlug Vierbein (= Hund) auf den Kopf.« Ganz einfach, oder?

Probe aufs Exempel: Übung 17

Möchten Sie sich von der Macht der Bilder überzeugen? Alles, was Sie dazu brauchen, sind ein paar Mitspieler, zwanzig Karteikarten und zwanzig Begriffspaare, die Sie mit einem dicken Filzstift auf die Karteikarten eintragen (auf jede Karte ein Begriffspaar). Der Einfachheit halber hier die Begriffspaare frei Haus:

See – Bett	Schlüssel – Teller
Pferd – Lampe	Blume – Tür
Schrank – Hund	Katze – Haus
Auto – Kerze	Berg – Fenster
Mond – Seil	Vogel – Buch
Küche – Sonne	Schwein – Himmel

Burg – Schnee	Frau – Aschenbecher
Baum – Ball	Uhr – Zigarette
Schere – Hut	Kirche – Eimer
Telefon – Tasche	Boot – Kreuz

Haben Sie die Begriffe notiert? Perfekt! Das Spiel selbst ist ganz einfach. Fordern Sie Ihre Mitspieler auf, sich die zwanzig Begriffspaare zu merken. Halten Sie dazu die Karteikarten der Reihe nach in die Höhe, jeweils für etwa fünf Sekunden, und lesen Sie die zwei Begriffe darauf ruhig und verständlich vor.
Wenn Sie alle zwanzig Begriffspaare durchgenommen haben, können Sie überprüfen, wie viel sich Ihre Mitspieler davon gemerkt haben. Nennen Sie dazu von jedem Begriffspaar einen Begriff und bitten Sie die Teilnehmer, den dazugehörigen Begriff zu nennen. Das Ergebnis wird ziemlich deprimierend ausfallen. In der Regel gelingen bei zwanzig Begriffspaaren drei bis vier richtige Zuordnungen.
Doch das ist kein Grund, die Köpfe hängen zu lassen! Geben Sie Ihren Mitspielern eine zweite Chance. Fordern Sie sie auf, sich die einzelnen Begriffspaare jeweils in einem Bild vorzustellen, zum Beispiel »See – Bett« als ein Bild, in dem ein Bett auf einem See schwimmt.
Dabei sollte man auf drei Dinge achten:

1. Das Bild sollte möglichst ungewöhnlich sein;
2. das Bild sollte eine Bewegung beinhalten;
3. beide Begriffe müssen im gemeinsamen Bild sichtbar sein.

Überprüfen Sie nun das Erinnerungsvermögen Ihrer Mitspieler ein zweites Mal. Das Ergebnis wird alle verblüffen: Statt drei bis vier Zuordnungen, wie bei der Wortmethode, gelingen bei der Bildermethode durchschnittlich siebzehn Zuordnungen von zwanzig möglichen!

Wachsen

Bilder sind Zukunft im Kopf. Mit ihrer Hilfe kann ich nicht nur mein Gedächtnis verbessern oder meine Ziele visualisieren, sondern buchstäblich über mich selbst hinauswachsen.
Bilder beeinflussen meinen Körper und mein Verhalten. Denn jedes Bild, das in mein Unterbewusstsein gelangt, wird dort auf die Informationen überprüft, die zu dem jeweiligen Bild vorliegen. Sind diese Informationen positiv, steigt meine Energie.
Bilder helfen mir darum zu tun, was zu ihrer Erfüllung in der Realtität nötig ist. Sie setzen Ressourcen frei und aktivieren meine inneren Potenziale.
Bilder haben Roger Bannister Beine gemacht. Mit der Kraft der Imagination lernte er, die Meile in weniger als vier Minuten zu laufen. Bilder wecken den Roger Bannister auch in mir: Ich kann viel mehr, als ich mir vorstellen kann – wenn ich mir nur das Richtige vorstelle.

Probe aufs Exempel: Übung 18

Manchmal reicht ein inneres Bild, damit der Körper seine Kräfte verdoppelt.
Bitten Sie Ihren Partner, seinen rechten Arm nach vorne auszustrecken, die Handfläche zeigt nach oben, er macht eine Faust. Nun versuchen Sie, seinen Unterarm nach oben zu biegen, während Ihr Partner versucht, seinen Arm gerade zu halten.

Fordern Sie dann Ihren Partner auf, sich vorzustellen, sein Arm wäre ein Stahlrohr. Am besten schließt er dazu kurz die Augen, um das Bild auf sich einwirken zu lassen. Hat er das Bild verinnerlicht? Dann wiederholen Sie bitte den Versuch. Sie werden staunen, wie stark Ihr Partner plötzlich ist, obwohl er sich weniger anstrengt als zuvor. Weil er jetzt nicht mit aller Gewalt irgendwelche Muskeln anspannt, sondern unbewusst genau die Muskeln benützt, die er braucht, um einen Arm so hart wie ein Stahlrohr zu haben.

Leben wollen

Als der amerikanische Regisseur Billy Wilder *(Some like it hot)* neunzig Jahre alt wurde, fragte ihn ein Journalist, wie er einmal sterben wolle. Die Antwort kam wie aus der Pistole: »Mit einhundertvier Jahren, im Bett der Geliebten, erschossen von deren Ehemann.«
Ob es dem Altmeister Hollywoods gelungen ist, nach diesem Drehbuch zu sterben, wissen wir nicht; wohl aber wissen wir: Die Macht der Bilder kann sogar über Leben und Tod entscheiden. Jeder Arzt, jede Krankenschwester beobachtet das immer wieder. Wenn ein alter Mensch im Krankenhaus sich aufgibt, sich nicht mehr vorstellen kann, das Krankenhaus je wieder zu verlassen, steigt die Wahrscheinlichkeit, dass er sterben wird. Schmiedet er dort hingegen Pläne für die Zukunft, hat er weitaus größere Chancen, ins Leben zurückzukehren.
Gertrud Schiestel war siebenundsiebzig Jahre alt und herzkrank, als sie sich drei Lendenwirbel brach. Sechs Wochen musste sie bewegungslos im Bett liegen. Für eine siebenundsiebzigjährige, herzkranke Frau nicht selten ein Todesurteil.
Mit ernsten Gesichtern und auf Zehenspitzen näherten sich die Angehörigen ihrem Bett, als hätte sie bereits das Zeitliche gesegnet. Doch Gertrud Schiestel dachte gar nicht daran. »Ich schaffe das noch mal«, sagte sie, »ich komme hier wieder raus. Ich hab ja noch was vor. Ich will wieder in meinem Garten stehen und noch einmal in meinem Leben nach Paris fahren.«

Gertrud Schiestel wusste, wofür sie lebte, und mit ihren Zielen vor dem inneren Auge mobilisierte sie (beziehungsweise ihr Unterbewusstsein) sämtliche Lebensgeister. Sie wurde 94 Jahre alt, stand bis zu ihrem Tod fast jeden Tag in ihrem Garten, und war auch noch einmal in Paris.

Merke: Was Roger Bannister kann, kann Gertrud Schiestel schon lange!

12. Kapitel

Aufbruch: Es gibt nicht Gutes – außer man tut es!

Wenn's anfängt, fängt's im Kopf an: Diese Einsicht steht am Beginn des mentalen Weges zum Erfolg. Doch damit ist es nicht getan. Mag der Glaube auch Berge versetzen – wer *nur* glaubt, wird noch lange nicht selig.
Wer nach den Sternen greift, muss mit beiden Beinen auf dem Boden stehen. Träume wagen heißt vor allem: sie in Angriff nehmen. Solange ich nichts tue, bleiben alle Träume Schäume. Darum gilt auch für den mentalen Weg das Rezept, das Dr. Erich Kästner schon vor Jahrzehnten in seiner »Hausapotheke« formulierte: »Es gibt nichts Gutes – außer man tut es!«

Der mentale Weg

Wer die Übung Nr. 18 ausprobiert hat, hat erfahren, was der mentale Weg leistet: Mit deutlich weniger Aufwand erziele ich deutlich bessere Ergebnisse. Wenn ich will, wird mein Arm zum Stahlrohr. Wie kann ich solche Resultate im wirklichen Leben erzielen?
»Jede Reise«, so ein chinesisches Sprichwort, »beginnt mit dem ersten Schritt.« Dies sind die wichtigsten Schritte des mentalen Weges im Überblick:

Ich formuliere ein
ZIEL

Ich speichere das Ziel durch
IMAGINATION

Sehen – Hören – Fühlen – Riechen – Schmecken

programmiert mein
UNTERBEWUSSTSEIN

steuert mein
HANDELN

erzeugt
RESULTATE

Gewusst wie: Techniken der Imagination

Imagination ist die Kraft, die meinen Gedanken Beine macht. Mit ihrer Hilfe programmiere ich mein Unterbewusstsein, damit dieses mein Handeln in der Weise steuert, dass ich ans Ziel meiner Träume gelange. Bleibt die große Frage: Wie bringe ich meine Imagination auf Trab?
Vier Techniken kommen mir dabei zu Hilfe:

1. **Die Innensicht (assoziierte Visualisierung).** Ich vergegenwärtige mir mein Ziel in der Vorstellung so, wie ich die Dinge um mich herum im wirklichen Leben sehe, mit meinen eigenen Augen.
2. **Die Außenansicht (dissoziierte Visualisierung).** Ich sehe mich wie ein Zuschauer von außen, schaue mir selber zu, wie ich ans Ziel gelange.

3. **Die körperliche Empfindung (ideomotorische Imagination).** Ich spüre, wie ich die erwünschte Situation erlebe, mit allen meinen Sinnen.
4. **Das positive Selbstgespräch (subvokale Imagination).** Ich beschreibe in Gedanken den ersehnten Zustand, als wäre er schon eingetreten.

Je intensiver ich mein Ziel imaginiere, desto nachhaltiger programmiere ich mich auf seine Erreichung. Darum sollte ich von allen vier Techniken Gebrauch machen, um die Erfüllung meiner Wünsche mit Leib und Seele in meiner Vorstellung zu erleben. Wenn ich dabei merke, dass mir eine Imaginationsform leichter als eine andere fällt, ist das kein Problem. Ich darf sie ruhig nach Belieben verwenden. Mit der Zeit werden mir alle vier Techniken gleich leicht fallen. Hauptsache, ich variiere die Formen immer wieder.

Beispiele: Neun Wege zum Erfolg

Gertrud Schiestel und Roger Bannister haben es bewiesen: Der mentale Weg macht Unmögliches denkbar und Denkbares möglich. Die eine hat mit seiner Hilfe ihr Leben verlängert, der andere einen Jahrhundertrekord aufgestellt.
Wenn solche großen Träume in Erfüllung gehen, warum dann nicht auch etwas kleinere? Hier ein paar Beispiele, wie's geht. Was ist zu tun?

Beispiel 1: Die Traumfigur

Lebensbereich: Körper und Gesundheit
Ausgangslage: Fünfunddreißigjährige Frau, 170 cm groß, 72 Kilo

Konkretes Ziel:	Gewicht 60 Kilo, flacher Bauch, schlanke Beine, knackiger Po, straffer Körper
Innenansicht:	Stellen Sie sich vor, wie Sie in einem eng anliegenden Kleid, das Sie schon immer tragen wollten, durch die Fußgängerzone gehen, voller Selbstbewusstsein und mit tollem Körpergefühl. Männer werfen Ihnen bewundernde Blicke zu und schauen Ihnen nach. Ihr Partner, Ihre Freunde machen Ihnen Komplimente zu Ihrem Aussehen.
Außenansicht:	Sie sehen sich selbst, wie Sie nackt vorm Spiegel stehen, wie Sie voller Stolz Ihren Körper von oben bis unten bewundern. Dann sehen Sie, wie Sie im Bikini Ihren Lieblingsstrand entlanggehen. Sie haben eine phantastische Figur. Männer lugen über ihre Sonnenbrillen, Frauen blinzeln Ihnen von den Liegestühlen aus nach.
Empfindung:	Sie spüren Ihren flachen Bauch, Ihre schlanken Beine, Ihren knackigen Po. Sie spüren, wie an den verschiedenen Stellen das Fett wegschmilzt, die Pölsterchen schwinden, der ganze Körper sich strafft.
Selbstgespräch:	»Mein Körper wird von Tag zu Tag schlanker … meine Figur straffer … mein Bauch flacher … meine Beine schlanker … mein Po knackiger …«
Mögliche Resultate:	Diese Bilder programmieren Ihr Unterbewusstsein, und dieses steuert nun Ihr Handeln im Sinne Ihres Ziels. Plötzlich tun Sie Dinge, die Sie Ihrer Traumfigur näher bringen: Sie hören auf zu essen, wenn Sie keinen Hunger mehr haben; Sie bekommen den Drang, sich mehr zu bewegen; Sie fan-

gen an zu joggen oder melden sich im Fitness-Studio an; Sie wählen Ihre Lebensmittel sorgfältiger aus, entscheiden sich beim Wunsch nach einer Süßigkeit für eine Banane statt für einen Schokoriegel ... Ist Ihr Unterbewusstsein erst auf Ihr Ziel programmiert, sucht es von sich aus ständig nach Verbesserungsmöglichkeiten; die körperliche Intelligenz, die sehr genau weiß, was Ihrem Körper gut tut, wird geweckt und aktiviert. Nach einigen Wochen, spätestens nach drei Monaten, werden Sie mit zunehmender Deutlichkeit erste gewünschte Veränderungen an Ihrer Figur entdecken.

Beispiel 2: Der Traumvolley

Lebensbereich: Sport

Ausgangslage: Achtundzwanzigjähriger Tennisspieler, mittlere Spielstärke, mit vielen Fehlern und Unsicherheiten beim Volleyspiel

Konkretes Ziel: In jeder Matchsituation den Volley sicher und platziert ins Feld schlagen

Innenansicht: Stellen Sie sich vor, wie Sie immer wieder ans Netz laufen, ruhig und entschlossen. Der Ball kommt auf Sie zu, Sie haben ihn im Auge und spielen einen sicheren Volley. Variieren Sie möglichst oft die Situation, spielen Sie den Volley aus den unterschiedlichsten Positionen ins Feld.

Außenansicht: Schauen Sie sich vom Spielfeldrand beim Match zu. Sehen Sie, wie Sie jeden Volley sicher und platziert ins Feld spielen, in allen erdenklichen Spielsituationen. Und wenn Sie sich selbst in einer TV-Übertragung Ihres Matchs bewundern möchten, nur zu! Die Gedanken sind frei!

Empfindung: Sie spüren in Ihrer Vorstellung bei jedem Volley den Ball auf dem Schläger, wie Sie den Ball satt in der Mitte der Bespannung treffen, die Energie, die dabei frei wird und mit der Ihr Ball in die Zielrichtung fliegt.

Selbstgespräch: »Mein Volley ist sicher und platziert, in jeder Situation des Matchs ... Ich beherrsche den Flugball perfekt ... Ich habe bei jedem Volley ein gutes Gefühl in der Hand ...«

Mögliche Resultate: Diese Bilder programmieren Ihr Unterbewusstsein, und dieses steuert nun Ihr Handeln im Sinne Ihres Ziels. Plötzlich tun Sie Dinge, die Sie Ihrem Traumvolley näher bringen: Sie gehen mutiger ans Netz; Sie verbessern Ihr Stellungsspiel; Sie sind ruhiger in der Vorbereitung des Schlags; Sie holen nicht zu weit aus; Sie schlagen den Volley mit größerer Entschlossenheit; Sie spielen den Volley lockerer und technisch besser; Ihr Selbstvertrauen beim Volley wächst; Volleys bereiten Ihnen Lust statt Angst ... Ist Ihr Unterbewusstsein erst auf Ihr Ziel programmiert, sucht es von sich aus ständig nach Verbesserungsmöglichkeiten; die körperliche Intelligenz, die sehr genau weiß, wie Sie sich bewegen müssen, um Ihre Schläge zu optimieren, wird geweckt und aktiviert. Nach einigen Tagen, spätestens nach ein paar Wochen, werden Sie mit zunehmender Deutlichkeit erste gewünschte Veränderungen an Ihrem Volley entdecken.

Beispiel 3: Die Traumfreundschaft

Lebensbereich: Zwischenmenschliche Beziehungen

Ausgangslage: Eine Frau mittleren Alters hat aufgrund ihres beruflichen und familiären Engagements eine Freundschaft vernachlässigt

Konkretes Ziel: Die Freundschaft zu neuem Leben erwecken, sie verbessern und intensivieren

Innenansicht: Stellen Sie sich vor, wie Ihre Freundin immer wieder Kontakt zu Ihnen sucht, wie sie sich jedesmal freut, wenn Sie sich wiedersehen. Malen Sie sich aus, wie Sie einander begegnen, sich umarmen, untergehakt eine Straße entlang bummeln, miteinander Kleider ausprobieren, zusammen im Café sitzen, wie Sie vertraute Gespräche führen.

Außenansicht: Beobachten Sie sich und Ihre Freundin, wie Sie zusammen Sport treiben, gemeinsam ein Konzert besuchen oder einfach nur miteinander lachen. Schauen Sie sich zu, wie Sie Ihrer Freundin im Haushalt helfen, ihr einen Blumenstrauß schenken, sie bei der Wohnungseinrichtung beraten. Stellen Sie sich vor, wie Sie ihr in einer schwierigen Lebenssituation zur Seite stehen, ihr konkreten Halt geben.

Empfindung: Sie spüren die Hand Ihrer Freundin in Ihrer Hand beim Straßenbummel, Sie hören ihre Stimme, ihr Lachen: das tolle Gefühl, gemeinsam Pferde stehlen zu können.

Selbstgespräch:	»Unsere Freundschaft wird von Tag zu Tag intensiver ... Wir kommen uns mit jeder Begegnung näher ... Diese Freundschaft bedeutet mir so viel ... Wie schön, dass es wieder so ist wie früher ...«
Mögliche Resultate:	Diese Bilder programmieren Ihr Unterbewusstsein, und dieses steuert nun Ihr Handeln im Sinne Ihres Ziels. Plötzlich tun Sie Dinge, die Sie Ihrer Traumfreundschaft näher bringen: Sie melden sich wieder regelmäßig bei Ihrer Freundin, rufen sie an oder besuchen sie einfach mal auf einen Sprung zwischendurch; Sie fragen nach ihren Problemen, nach ihrem Leben; Sie nehmen sich Zeit, ihr einen Brief zu schreiben; Sie treiben zusammen Sport, unternehmen gemeinsam einen Wochenendausflug ... Ist Ihr Unterbewusstsein erst auf Ihr Ziel programmiert, sucht es von sich aus ständig nach Verbesserungsmöglichkeiten; die körperliche Intelligenz, die sehr genau weiß, wie Sie sich verhalten müssen, damit die Dinge wieder wie früher werden, wird geweckt und aktiviert. Schon nach kurzer Zeit werden Sie mit zunehmender Deutlichkeit erste gewünschte Veränderungen in Ihrer Freundschaft entdecken.

Beispiel 4: Die Traumausstrahlung

Lebensbereich:	Persönlichkeit
Ausgangslage:	Mann, Anfang dreißig, mit schwachem Selbstbewusstsein in der Öffentlichkeit

Konkretes Ziel:	Ein selbstbewusster Mensch mit starker, aber sympathischer Ausstrahlung sein
Innenansicht:	Stellen Sie sich vor, wie Sie sich selbstbewusst im Kreis vertrauter und fremder Personen bewegen; wie Sie diese Menschen anschauen, ihnen ins Gesicht sehen, während Sie frei und unbefangen mit ihnen reden; wie Leute auf Sie zukommen und Ihnen Komplimente machen, Ihnen sagen, dass sie Sie mögen, Sie schätzen, sich einfach freuen, dass Sie da sind.
Außenansicht:	Beobachten Sie sich, wie Sie im Mittelpunkt einer kleinen Gesellschaft stehen; wie andere Menschen Sie aufmerksam anschauen, Ihnen zuhören, über Ihre Witze lachen. Immer mehr Menschen kommen hinzu, suchen Ihre Nähe, weil Sie eine so positive Ausstrahlung haben. Sie haben für jeden ein freundliches Wort, ein Lächeln, sind zuvorkommend und charmant. Eine Person, die Sie besonders schätzen, spricht Sie an und redet voller Hochachtung mit Ihnen.
Empfindung:	Sie fühlen sich wohl in Ihrer Haut, während Sie plaudern. Ihr Körper ist straff und voller Energie, Ihre Haltung aufrecht und selbstbewusst. Die Sympathie, mit der Sie den anderen Menschen begegnen, strömt zu Ihnen zurück.
Selbstgespräch:	»Ich freue mich auf das Zusammensein mit anderen Menschen … Ich mag die Menschen, und die Menschen mögen mich … Ich fühle mich in ihrer Gesellschaft sicher und stark … Ich wirke selbstbewusst und sympathisch …«

Mögliche Resultate: Diese Bilder programmieren Ihr Unterbewusstsein, und dieses steuert nun Ihr Handeln im Sinne Ihres Ziels. Plötzlich tun Sie Dinge, die Sie Ihrer Traumausstrahlung näher bringen: Sie werden sich in der Gegenwart anderer Menschen freier bewegen, sich selbstbewusster geben als bisher; Ihre Körperhaltung wird sich verändern, Sie werden aufrechter dastehen und gehen; Sie werden die Ansprüche an sich selbst erhöhen, Sie werden freier sprechen, auch mal was riskieren, wenn Sie den Mund aufmachen; Sie fangen an, sich in Gesellschaft auf Ihre Stärken zu verlassen ... Ist Ihr Unterbewusstsein erst auf Ihr Ziel programmiert, sucht es von sich aus ständig nach Verbesserungsmöglichkeiten; die körperliche Intelligenz, die sehr genau weiß, wie Sie sich verhalten müssen, um Ihre Ausstrahlung zu optimieren, wird geweckt und aktiviert. Nach ein paar Wochen werden Sie mit zunehmender Deutlichkeit erste gewünschte Veränderungen in Ihrem Verhalten entdecken.

Beispiel 5: Die Traumehe

Lebensbereich: Partnerschaft

Ausgangslage: Ehepaar (er 44, sie 41) seit sechzehn Jahren verheiratet, ein Kind (Tochter, 16); beide Partner bezeichnen ihre Ehe eigentlich als gut, vermissen aber das Prickeln in der Beziehung

Konkretes Ziel: Die Ehe soll wieder spannend sein und kribbeln; beide Partner wollen Spaß miteinander haben, vor allem aber ihre Liebe wieder spüren

Innenansicht: Stellen Sie sich vor, wie Ihr Partner Sie verliebt anschaut; wie Sie beide ein inniges Gespräch miteinander führen; wie Sie zärtliche Stunden zu zweit miteinander verbringen.

Außenansicht: Schauen Sie sich und Ihrem Partner dabei zu, wie Sie Hand in Hand im Wald spazieren gehen wie ein frisch verliebtes Paar; wie Sie auf einer sonnenüberfluteten Lichtung stehenbleiben, einander anschauen und sich küssen. Malen Sie sich aus, wie Sie zusammen Dinge unternehmen, die Sie früher oft und mit Freude unternommen, in letzter Zeit aber vernachlässigt haben: wie Sie zusammen ins Kino, ins Theater oder in ein Konzert gehen; wie Sie sich gegenseitig verwöhnen und mit kleinen Aufmerksamkeiten überraschen; wie Sie beide ganz allein einen schon lange aufgeschobenen Kurzurlaub miteinander genießen.

Empfindung: Sie spüren wieder das Kribbeln beim Anblick Ihres Partners, das aufregende Gefühl, wenn er/sie Ihnen in die Augen schaut. Sie nehmen jede Berührung des anderen wahr, freuen sich am Klang seiner/ihrer Stimme.

Selbstgespräch: »Unsere Beziehung wird von Tag zu Tag besser … Ich entdecke immer wieder etwas Neues an ihm/ihr … Ich freue mich auf unser nächstes Zusammensein … Ich genieße unsere Tage und unsere Nächte ... Unsere Verbundenheit ist ein wunderbares Geschenk ...«

Mögliche Resultate: Diese Bilder programmieren Ihr Unterbewusstsein, und dieses steuert nun Ihr Handeln im Sinne Ihres Ziels. Plötzlich tun Sie Dinge, die Sie Ihrer Traumehe näher bringen: Sie überraschen Ihren Partner mit liebevollen kleinen Geschenken; Sie erspüren seine Bedürfnisse und Wünsche; Sie gehen mit mehr Rücksicht und Verständnis miteinander um; Sie verbringen mehr Zeit miteinander; Sie setzen sich intensiver auseinander ... Ist Ihr Unterbewusstsein erst auf Ihr Ziel programmiert, sucht es von sich aus ständig nach Verbesserungsmöglichkeiten; die körperliche Intelligenz, die sehr genau weiß, wie Sie sich verhalten müssen, um wieder zueinander zu finden, wird geweckt und aktiviert. Nach ein paar Wochen werden Sie mit zunehmender Deutlichkeit erste gewünschte Veränderungen in Ihrer Partnerschaft entdecken.

Beispiel 6: Die Traum-Vater/Sohn-Beziehung

Lebensbereich: Familie

Ausgangslage: Mann (39), verheiratet, mit pubertierendem Sohn (15)

Konkretes Ziel: Besseres Verhältnis von Vater und Sohn

Innenansicht: Stellen Sie sich vor, wie Sie sich Zeit für Ihren Sohn nehmen, um mit ihm zusammenzusein: wie Sie miteinander reden; wie Ihr

Sohn Sie um Rat fragt und Sie ihm antworten; wie Sie sich für seine Interessen interessieren; wie Sie etwas von Ihrem Sohn lernen; wie er Sie anschaut und sich freut.

Außenansicht: Schauen Sie sich und Ihrem Sohn dabei zu, wie Sie gemeinsam etwas unternehmen: wie Sie eine Sportveranstaltung besuchen oder selber Sport treiben; wie Sie ihm bei den Hausaufgaben helfen; wie Sie etwas im Haus basteln oder reparieren; wie Sie zusammen den Frühstückstisch decken; wie Sie mit Ihrem Sohn in einer Kneipe ein Bier trinken und von »Mann zu Mann« mit ihm reden.

Empfindung: Sie klatschen sich beim Sport mit Ihrem Sohn ab. Sie hören sein Lachen, spüren Ihre eigene Freude, wenn Ihrem Sohn etwas gelingt. Sein Anblick erfüllt Sie mit Zärtlichkeit und Stolz zugleich.

Selbstgespräch: »Mein Junge ist mein bester Freund … Wir verstehen uns prächtig … Es macht Spaß, wenn wir zusammen sind … Wir vertrauen uns … Wir gehen zusammen durch dick und dünn …«

Mögliche Resultate: Diese Bilder programmieren Ihr Unterbewusstsein, und dieses steuert nun Ihr Handeln im Sinne Ihres Ziels. Plötzlich tun Sie Dinge, die Sie der Traumbeziehung zu Ihrem Sohn näher bringen: Sie nehmen sich mehr Zeit für ihn; Sie fragen ihn danach, was ihn beschäftigt; Sie hören ihm aufmerksamer zu, wenn er mit Ihnen spricht; Sie lernen seine Interessen kennen, seine Träume, seine Freunde; Sie werden sensibel für seine Sorgen und Nöte in der Pubertät ... Ist Ihr Unterbewusstsein erst auf Ihr Ziel programmiert, sucht es von sich aus ständig nach Verbesserungsmöglichkeiten; die körperliche Intelligenz, die sehr genau weiß, wie Sie sich verhalten müssen, um Zugang zu Ihrem Sohn zu finden, wird geweckt und aktiviert. Nach ein paar Wochen werden Sie mit zunehmender Deutlichkeit erste gewünschte Veränderungen in Ihrer Beziehung entdecken.

Beispiel 7: Der Traumjob

Lebensbereich: Beruf

Ausgangslage: Kundenberaterin in einer Bank (48) spürt die »innere Kündigung« verdächtig nah; der Beruf macht keinen Spaß mehr; ein Tag plätschert wie der andere dahin

Konkretes Ziel: Mit Freude und Engagement, Ehrgeiz und Erfolg wieder bei der Arbeit sein

Innenansicht: Stellen Sie sich vor, wie Sie aktiv und mit vollem Einsatz einen Kunden beraten; wie der Kunde freudig überrascht auf Ihre Vorschläge reagiert; wie Ihnen im Gespräch immer interessantere Möglichkeiten der Präsentation einfallen; wie der Kunde Vertrauen zu Ihnen fasst und sich am Schluss des Gesprächs bei Ihnen bedankt.

Außenansicht: Schauen Sie sich dabei zu, wie Ihr Chef auf Sie zukommt und Sie für Ihre tolle Arbeit lobt; wie Sie bei der Betriebsfeier vor allen Mitarbeitern für besondere Leistungen ausgezeichnet werden; wie Ihre Kollegen Ihren Rat suchen; wie Ihr Bereichsleiter Ihre Beförderung unterstützt; wie Sie Ihren Mann und Ihre Familie mit einer Gehaltserhöhung überraschen.

Empfindung: Sie freuen sich am Morgen auf die beruflichen Herausforderungen des Tages. Sie spüren, wie leicht die Dinge Ihnen von der Hand gehen und dass die Arbeit Ihnen Spaß macht. Sie wissen wieder, warum Sie sich für diesen Beruf entschieden haben. Sie sind stolz auf Ihre Arbeit.

Selbstgespräch: »Meine Arbeit macht mir Freude … Ich verstehe wirklich was von meinem Job … Die Kunden lassen sich gern von mir beraten … Der Chef schätzt meine Leistungen … Die Kollegen mögen mich … Ich werde von Tag zu Tag erfolgreicher …«

Mögliche Resultate: Diese Bilder programmieren Ihr Unterbewusstsein, und dieses steuert nun Ihr Handeln im Sinne Ihres Ziels. Plötzlich tun Sie Dinge, die Sie Ihrem Traumjob näher bringen: Sie zeigen mehr Engagement und Einsatz in der Bank; Sie suchen neue Möglichkeiten, Ihre Fähigkeiten unter Beweis zu stellen; Sie erzählen Freunden wieder von Ihrer Arbeit; Sie machen von sich aus Verbesserungsvorschläge; Sie gehen aktiv auf Ihre Kunden zu; Sie achten auf die Belange Ihres Chefs und Ihrer Mitarbeiter … Ist Ihr Unterbewusstsein erst auf Ihr Ziel programmiert, sucht es von sich aus ständig nach Verbesserungsmöglichkeiten; die somatische Intelligenz, die sehr genau weiß, wie Sie sich körperlich verhalten müssen, um Ihre Leistung zu optimieren, wird geweckt und aktiviert. Nach ein paar Wochen, spätestens aber nach einem Vierteljahr, werden Sie mit zunehmender Deutlichkeit erste gewünschte Veränderungen an Ihrem Berufsleben entdecken.

Beispiel 8: Das Traumhaus

Lebensbereich: Vermögen und Finanzen

Ausgangslage: Familienvater (32), Alleinverdiener, zwei kleine Kinder, in enger Mietwohnung lebend

Konkretes Ziel: Innerhalb der nächsten fünf Jahre in die eigenen vier Wände einziehen

Innenansicht: Stellen Sie sich vor, wie Sie voller Stolz durch Ihr eigenes Haus gehen; wie Sie Ihren Eltern, Verwandten und Freunden das neue Haus zeigen; wie Sie sich im Keller einen Hobbyraum einrichten; wie Sie mit Ihrer Frau die Möbel gruppieren; wie Sie mit Ihren Kindern im Garten spielen.

Außenansicht: Schauen Sie sich dabei zu, wie Sie beim Notar den Kaufvertrag unterschreiben; wie Sie mit Ihrer Familie in das schöne neue Haus einziehen; wie die Nachbarn zu Ihnen kommen, um Sie zu begrüßen; wie Sie am Morgen bei Sonnenschein aus der Haustür in den Garten treten.

Empfindung: Sie spüren, wie Sie beim Richtfest voller Glück Ihre Frau im Arm halten. Sie riechen den Duft von Holz und Farben beim

Einzug. Sie sind voller Stolz, wenn Sie zum ersten Mal Gäste empfangen. Sie genießen in Ihrer Vorstellung das erste Weihnachtsfest mit Ihrer Familie in dem neuen gemütlichen Zuhause, riechen den Duft der Kerzen, hören das Knistern im Kamin.

Selbstgespräch: »Jeder Tag bringt mich unserem Traumhaus ein Stück näher … Das Haus wird genau so sein, wie wir es uns schon immer gewünscht haben …«

Mögliche Resultate: Diese Bilder programmieren Ihr Unterbewusstsein, und dieses steuert nun Ihr Handeln im Sinne Ihres Ziels. Plötzlich tun Sie Dinge, die Sie Ihrem Traumhaus näher bringen: Sie fangen an, sich mit Fragen der Finanzierung und des Vermögensaufbaus zu beschäftigen; Sie vergleichen unterschiedliche Anlageformen; Sie entwickeln Strategien, um ausreichendes Eigenkapital anzusparen; Sie intensivieren am Arbeitsplatz Ihre Anstrengungen; Sie halten nach zusätzlichen Einnahmequellen Ausschau; Sparen macht Ihnen neuerdings Spaß; Sie beraten sich mit Freunden und Bekannten, die schon gebaut haben; Sie beobachten den örtlichen Immobilienmarkt … Ist Ihr Unterbewusstsein erst auf Ihr Ziel programmiert, sucht es von sich aus ständig nach Verbesserungsmöglichkeiten; die körperliche Intelligenz, die sehr genau weiß, wie Sie ein Plus an Leistung aus Ihnen herausholen kann, wird geweckt und aktiviert. Nach ein paar Monaten werden Sie entdecken, dass Sie bereits die ersten Schritte in Richtung auf Ihr Traumhaus unternommen haben.

Beispiel 9: Das Traumunternehmen

Lebensbereich: Unternehmensentwicklung

Ausgangslage: Autohändler (52), in mittelgroßer Stadt, mit durchschnittlichem Betrieb

Konkretes Ziel: 20 Prozent Umsatzsteigerung im kommenden Jahr; Aufstieg zur Nr. 1 unter den Autohäusern seiner Marke im Landkreis

Innenansicht: Stellen Sie sich vor, wie das Geschäft in Ihrer Ausstellungshalle nur so brummt; wie alle Verkäufer mit den Kunden sprechen; wie gleichzeitig immer wieder neue Interessenten den Verkaufsraum betreten; wie Sie am Abend die Aufträge des Tages mit Ihren Mitarbeitern durchgehen; wie Sie die vollen Auftragsbücher durchblättern.

Außenansicht: Beobachten Sie sich dabei, wie Sie gerade einem begeisterten Kunden ein neues Fahrzeug übergeben; wie Sie auf der Händlertagung Ihrer Vertriebsorganisation für die beste Verkaufssteigerung des letzten Jahres ausgezeichnet werden; wie der Vorstand Ihrer Hausbank Sie voller Hochachtung empfängt.

Empfindung: Sie hören den tosenden Applaus, der bei Ihrer Auszeichnung auf der Händlertagung auf Sie niederprasselt. Sie fühlen den Händedruck des Bankdirektors, wenn er Ihnen zu Ihrem Jahresergebnis gratuliert. Die

Auszeichnungen erfüllen Sie mit Genugtuung und Stolz.

Selbstgespräch: »Mein Autohaus wird von Tag zu Tag attraktiver ... Die Kunden sind begeistert von unseren Modellen ... Wir haben den besten Service, die freundlichsten Mitarbeiter, die schönsten Verkaufsräume ... Wir sind unschlagbar ... Alle Zeichen stehen auf Erfolg ...«

Mögliche Resultate: Diese Bilder programmieren Ihr Unterbewusstsein, und dieses steuert nun Ihr Handeln im Sinne Ihres Ziels. Plötzlich tun Sie Dinge, die Sie Ihrem Traumunternehmen näher bringen: Sie denken permanent über Innovationen nach; Sie begeistern Ihre Mitarbeiter und sorgen für ein großartiges Betriebsklima; Sie planen mit Ihren Verkäufern immer wieder neue Aktionen; Sie überlegen mit Ihren Serviceleuten, wie Sie den Kundendienst verbessern können; Sie achten auf nette Details in den Verkaufsräumen; Sie kümmern sich, wo immer es geht, persönlich um Ihre Kunden ... Ist Ihr Unterbewusstsein erst auf Ihr Ziel programmiert, sucht es von sich aus ständig nach Verbesserungsmöglichkeiten; die körperliche Intelligenz, die sehr genau weiß, wie Sie sich verhalten müssen, um Ihre Leistung zu optimieren, wird geweckt und aktiviert. Nach einigen Wochen, spätestens nach ein paar Monaten, werden Sie mit zunehmender Deutlichkeit erste gewünschte Veränderungen in Ihrem Unternehmen entdecken.

Kleine Schritte, große Schritte: Grundregeln für das Training

Die Beispiele zeigen: Sie können auf dem mentalen Weg die verschiedensten Träume wagen, kleine und große, körperliche und geistige Ziele verfolgen. Die Kraft der Imagination hilft Ihnen, sich private und berufliche Wünsche zu erfüllen, unerwünschte Dinge zu vermeiden oder zu beenden, Gutes in Ihrem Leben zu sichern und zu festigen.
Entscheidende Voraussetzung für den Erfolg ist eine gewisse Regelmäßigkeit und Disziplin. Folgende Punkte sollten Sie in der Durchführung des mentalen Trainings beachten:

1. **Regelmäßigkeit.** Tägliches Training ist erforderlich. Sobald Sie aufhören zu trainieren, vergisst Ihr Unterbewusstsein Ihr Ziel und kann Sie nicht mehr in die angestrebte Richtung steuern.
2. **Trainingsdauer.** Trainieren Sie mindestens 1 × 10 – 20 sec täglich pro Ziel. Natürlich können Sie die Trainingsdauer steigern, vor allem, wenn Sie mehrere Ziele verfolgen und diese möglichst schnell erreichen möchten. Doch Vorsicht: Trainieren Sie nicht mehr als 2 × 2 Minuten pro Tag. Trainieren Sie heute mehr, wächst die Gefahr, dass Sie morgen »ausnahmsweise mal« mit dem Training pausieren. Regelmäßigkeit ist wichtiger als Dauer!
3. **Trainingszeiten.** Die idealen Trainingszeiten sind morgens unmittelbar nach dem Aufwachen und abends unmittelbar vor dem Einschlafen. Dann befindet sich Ihr Gehirn im so genannten Alpha-Zustand. In diesem Zustand ist die Hirnwellentätigkeit deutlich verringert, Ihr Unterbewusstsein darum besonders aufnahmefähig.
4. **Zielimagination.** Stellen Sie sich bei der Visualisierung Ihrer Ziele immer vor, dass der gewünschte Zustand bereits eingetreten ist. Bei der imaginierten körperlichen Empfin-

dung können Sie auch den Weg zum Ziel mit in die Vorstellung einbauen (zum Beispiel: Sie spüren, wie das Fett wegschmilzt), ebenso im positiven Selbstgespräch (zum Beispiel: »Mein Körper wird von Tag zu Tag schlanker.«).

5. **Zielfokussierung.** Formulieren Sie stets das positive Ziel, das Sie vor Augen haben. Sagen Sie nicht: »Ich will diesen oder jenen Fehler vermeiden«, sagen Sie stattdessen: »Ich will diese oder jene konkrete Leistung vollbringen.« Unterscheiden Sie auch Ziel und Weg voneinander (zum Beispiel: »Abnehmen« ist kein Ziel, sondern ein Weg; das Ziel ist die schlanke Figur). Worauf es ankommt, ist immer das positive Ziel: das, was Sie im Endeffekt erreichen möchten – das, was Ihnen auf den Nägeln brennt.
6. **Ethik.** Setzen Sie sich nur solche Ziele, die Sie vor sich selbst und anderen ethisch verantworten können. Tun Sie das nicht, kommt es zu Konflikten in Ihrem Innern. Ihr Unterbewusstsein sträubt sich gegen das Ziel, Ihr Gewissen schaltet auf stur. Dann wird der mentale Weg leicht zum Bumerang: Sie fangen an, Dinge zu tun, die Ihren Zielen entgegenstehen.
7. **Realisierbarkeit.** Ziele dürfen und sollen anspruchsvoll sein. Doch setzen Sie sich keine Ziele in den Kopf, die jenseits des Menschenmöglichen liegen. Unrealisierbare Ziele (zum Beispiel mit dem Schlauchboot zum Mond paddeln) akzeptiert Ihr Unterbewusstsein nicht. Also wird es auch nichts zu ihrer Erreichung beisteuern.
8. **Zieländerungen.** Klingt trivial, wird aber oft vergessen: Wenn sich Ihr Ziel verändert, müssen Sie auch Ihr Mentaltraining ändern. Passen Sie den mentalen Weg Ihrem neuen Ziel an. Dieses allein wollen Sie erreichen.
9. **Flexibilität.** Manche Menschen tun sich schwer, Ziele in Bildern zu visualisieren (zum Beispiel Menschen, die sich nur schlecht an ihre Träume erinnern). Wenn es Ihnen auch so geht, sorgen Sie sich nicht! Wenden Sie zunächst die beiden

anderen Imaginationstechniken an (körperliche Empfindung und positives Selbstgespräch). Sie werden sehen: Die Bilder kommen mit der Zeit ganz von allein. Wichtig ist nur, dass Sie am Ball bleiben. Es wird von Tag zu Tag besser.

10. **Geduld.** Überstürzen Sie nichts. Auch auf dem mentalen Weg brauchen Sie Zeit, bis Sie ans Ziel gelangen, Schritt für Schritt. Werfen Sie also nicht die Flinte ins Korn, wenn sich der Erfolg nicht umgehend einstellt. Setzen Sie besser gleich am Anfang einen Mindestzeitraum für das Training fest, der Ihrem Ziel angemessen scheint (zum Beispiel drei Monate bis zur Erreichung Ihres Idealgewichts).
11. **Entschlossenheit.** Das Wichtigste zum Schluss: Fangen Sie einfach an! Nur Mut, Sie können nichts falsch machen!

Probe aufs Exempel: Übung 16

Es gibt nichts Gutes – außer man tut es! Wissen Sie nun, wie's geht? Dann stellen Sie hier Ihren persönlichen Trainingsplan auf.

Mein Traumziel:

Lebensbereich:

___

Ausgangslage:

___

___

___

Konkretes Ziel:

Innenansicht:

Außenansicht:

Empfindung:

Selbstgespräch:

Erwünschte Resultate:

Für alle Anwendungen gilt: Wenn Sie in der Praxis gegen Ihre gespeicherten Zielprogramme verstoßen (also doch wieder zum Schokoriegel greifen), wird sich Ihr Unterbewusstsein bald melden. Sie bekommen ein schlechtes Gefühl oder ein schlechtes Gewissen. Schließlich wird der innere Widerspruch so stark, dass Ihnen zwei Möglichkeiten bleiben:

- Entweder Sie hören auf, Ihre Ziele zu imaginieren, und Ihr Unterbewusstsein lässt Sie wieder in Ruhe.
- Oder Sie imaginieren Ihre Ziele weiter und lassen sich von Ihrem Unterbewusstsein sicher an die Erfüllung Ihrer Träume leiten.

Also: Bleiben Sie dran und erreichen Sie Ihre Ziele!

Fliegen können

Wer fliegen kann, wird fliegen! Die wichtigste Voraussetzung dabei ist: Er muss auch fliegen wollen. Und daran glauben, dass er fliegen kann. Fehlen ihm aber Wille und Glaube, nützen ihm auch die besten Flügel nichts.

So geschah es vor vielen, vielen Jahren. Ein Bergbauer stieg einen zerklüfteten Weg hinab von seiner Alm, als er plötzlich auf einem Felsen ein aufgeplatztes Ei erblickte. Nanu, was war denn das? Ein Hühnerei gewiss nicht, dafür war es viel zu groß. Als der Bauer sich darüberbeugte, erkannte er, dass dies das Ei eines Adlers war. Und tatsächlich: Zwischen den Schalen hockte, noch ganz nass und verklebt, ein kleines Adlerküken. Suchend sah sich der Bauer um, doch nirgendwo konnte er einen Adlerhorst entdecken. Also nahm er den kleinen Adler mit nach Hause und steckte ihn zu seinen Hühnern in den Hühnerstall.

Dort wuchs der kleine Adler nun auf. Wochen und Monate vergingen, und je mehr er sich an seine neue Umgebung gewöhnte, umso mehr verfestigte sich in ihm die Gewissheit, ein Huhn zu sein, nicht anders als seine neuen Freunde.

Mit denen saß er eines Tages auf der Hühnerstange, als sein Nachbar ihn plötzlich anstieß: »He, schau mal da oben!« Der kleine Adler blickte hinauf in den Himmel und sah dort einen großen prächtigen Adler fliegen. »Wäre das nicht toll, wenn wir auch so fliegen könnten?«, fragte voller Wehmut der Freund an seiner Seite. »Ja schon!«, seufzte der kleine Adler. »Aber leider, leider sind wir nur zwei Hühner, und Hühner können ja nicht fliegen.«

Sprach es und blieb auf seiner Hühnerstange sitzen, jahrein, jahraus. Er wurde älter und älter, bis irgendwann sein letztes Stündchen schlug und er entkräftet von der Stange fiel: in dem sicheren Bewusstsein, ein Leben lang ein Huhn gewesen zu sein.

Die Moral von der Geschicht: Bleiben Sie nicht auf der Stange hocken, sondern machen Sie von Ihren Flügeln Gebrauch! Geben Sie dem Adler in sich eine Chance! Befreien Sie ihn aus seinem Käfig!
Lassen Sie den Adler fliegen!

Epilog

Geht nicht, gibt's nicht! Oder doch?

Es war an einem schönen Tag im Jahr Zweitausend-X, irgendwo zwischen Himmel und Erde.
Wie jeden Morgen betrat der liebe Gott pünktlich um sechs Uhr den kleinen Empfangssaal, um die Neuzugänge zu begrüßen. In der Tür blieb Er jedoch verwundert stehen. Nanu, was war das denn für eine aufgeregte Gesellschaft? Normalerweise wartete man hier auf Ihn in stummer Anspannung, aber das halbe Dutzend Männer und Frauen, das in dieser Nacht eingetroffen war, kehrte ihm den Rücken zu, und ohne auf Ihn zu achten, sprach und gestikulierte man überaus lebhaft aufeinander ein.
Um sich bemerkbar zu machen, räusperte Er sich. Einmal, zweimal – vergebens. Erst als Er kräftig hustete, drehten die Neuankömmlinge sich zu Ihm herum.
»Um Himmels willen, wie seht ihr denn aus? Hattet ihr einen Unfall?«
»Nur einen, Chef?«, fragte ein Mann zurück, der in einem zerrissenen Anzug steckte. »Mehrere, und das jeden Tag. Zumindest«, fügte er mit einem Grinsen hinzu, »seit wir das letzte Mal hier waren.«
»So, ihr wart schon einmal hier?« Stirnrunzelnd betrachtete der liebe Gott den Mann. Irgendwie kam Ihm das dicke rote Gesicht bekannt vor, auch wenn es voller Schrammen und Narben war.

»Ja, kennen Sie uns denn nicht mehr?«, fragte eine dünnlippige Frau, auf deren spitzer Nase ein Pflaster klebte.
Endlich fiel der Groschen. »Die Trampolingesellschaft!«
Der liebe Gott blickte sie der Reihe nach an. Ja, jetzt erkannte er sie wieder … Doch wie sehr hatten sie sich verändert! Der kleine graue Mann trug Frack und Zylinder, und obwohl er den rechten Arm in einer Schlinge hielt, balancierte er zwischen den Fingern einen Klöppel. Die dünnlippige Frau mit der spitzen Nase wiegte sich in ihrem Ballkleid so anmutig auf der Stelle, dass der liebe Gott fast Lust bekam, sie zum Tanzen aufzufordern. Der dicke rotgesichtige Mann an ihrer Seite war immer noch dick und hatte ein rotes Gesicht, doch war die verzweifelte Wut daraus verschwunden. Und die alten Eheleute im Hintergrund des Saals steckten sich wie zwei Turteltauben gegenseitig Konfekt in die Münder. Sie alle sahen aus, als wären sie einem phantastischen Abenteuerfilm entsprungen, gebeutelt und geschunden zwar, doch mit strahlenden Gesichtern.
»Wie ich sehe, habt ihr's beim zweiten Versuch wirklich wissen wollen!«, sagte der liebe Gott.
»Und ob!«, kicherte der kleine graue Mann. »Ich bin dem Finanzamt aufs Dach gestiegen. Von der Steuerrückzahlung habe ich mir eine Kesselpauke gekauft.«
»Er spielt wirklich wunderbar!«, rief die Frau mit der spitzen Nase. »Er tritt in dem Tanzpalast auf, in dem ich freitags abends immer tanze. Einmal haben wir sogar einen Likör zusammen getrunken.«
»Es ist nicht beim Likör geblieben!«
Der kleine graue Mann zwinkerte ihr zu; sie errötete mit einem Lächeln und senkte den Blick.
»Also, was mich betrifft«, sagte der rotgesichtige Mann, »bin ich ja vom Trinken ganz weg! Kein Tropfen Alkohol, dafür jede Menge Sport, vor allem Seilspringen. Mein Arzt hat mich für ein medizinisches Wunder erklärt, keine Magengeschwüre

mehr, kein Herzklabaster, kein Bluthochdruck. Ich begreife eigentlich gar nicht, wie ich überhaupt sterben konnte …«

So vergingen Stunden um Stunden. Sie erzählten dem lieben Gott, wie sie sich auf Erden ihre Beulen und Brüche eingehandelt hatten, ihre Narben und Schrammen, welche Höhen und Tiefen sie erlebt hatten bei ihrem Versuch, das Leben beim Schopf zu packen, welche Momente des Glücks und welche der Hoffnung. Sie hatten die Dinge nicht mehr so furchtbar wichtig, doch dafür nicht weniger ernst genommen. Sie hatten viel verrückter und weniger hygienisch gelebt. Statt sich Probleme einzubilden, hatten sie Fehler riskiert. Statt mit Wärmflasche, Thermometer und Regenmantel waren sie mit leichtem Handgepäck verreist. Sie hatten Berge erklommen und Orte besucht, die sie zuvor nie gesehen hatten. Sie hatten mehr Torte und weniger Schwarzbrot gegessen, mehr Champagner und weniger Kamillentee getrunken, waren im Frühjahr früher barfuß gelaufen und im Herbst länger draußen geblieben …

»Dann habt ihr es also nicht bereut, dass ich euch noch einmal zurückgeschickt habe?«, fragte am Ende der liebe Gott.

»I wo, Chef!«, sagte der rotgesichtige Mann. »Höchstens, dass ich nicht noch viel mehr ausprobiert habe. Wissen Sie, in meinem ersten Leben bin ich morgens eigentlich immer nur aus einem Grund aufgestanden – weil ich pinkeln musste! In meinem zweiten Leben war das ganz anders. Da hab ich's morgens im Bett kaum noch ausgehalten vor Tatendrang. Vielleicht, weil ich einfach mehr Dummheiten gemacht habe.«

»Und ich«, nickte die Frau mit der spitzen Nase, »ich weiß jetzt endlich, wie schön es ist, Karussell zu fahren und die Sonne aufgehen zu sehen. Früher, da habe ich mich immer nur gefragt, ob es wohl ein Leben nach dem Tod gibt, wie es sein wird und was ich dafür tun muss. Jetzt aber weiß ich …«

»… dass es auch ein Leben *vor* dem Tod gibt«, fiel ihr der kleine graue Mann ins Wort.

»Ja, das mag wohl sein«, schmunzelte der liebe Gott. »Aller-

dings möchte ich euch bitten, das nicht so laut in die Welt hinauszuposaunen, es könnte Meiner Firma schaden. – Aber Moment mal«, unterbrach Er sich, »wenn ich mich richtig erinnere, fehlt hier ja noch jemand …«
Er hatte noch nicht ausgesprochen, als die Frau mit den hellen blauen Augen vor Ihm stand.
»War da von mir die Rede?«
»Ja, wo kommen Sie denn her?«, wollte der rotgesichtige Mann wissen.
»Direkt von dort oben«, sagte sie und zeigte mit dem Finger in den Himmel. »Ich glaube, man nennt den Ort das Paradies.«
»Und?«, fragte die Frau mit der spitzen Nase, plötzlich ganz aufgeregt. »Wie ist es dann da? Ist es wirklich so schön, wie man sagt?«
Alle schauten die Frau mit den blauen Augen an. Sogar die Eheleute unterbrachen ihre Turteleien und drehten sich neugierig um.
»Noch viel schöner«, sagte die Frau mit den blauen Augen. »Wie soll ich sagen? Es ist so unglaublich schön im Paradies, dass ich es kaum beschreiben kann. – Fast so schön wie auf der Erde!«
»Pssssst!«, machte der liebe Gott erschrocken und hielt sich den Finger vor den Mund. »Bitte nicht so laut.«
»Papperlapapp!«, sagte der rotgesichtige Mann. »So schön wie auf der Erde … Das kann jeder behaupten! Das glaube ich nicht. Und überhaupt, wie sind Sie eigentlich dahingekommen, ins Paradies?«
»Mit dem Trampolin natürlich!«
»Mit dem Trampolin? Das geht nicht. Das ist unmöglich!«
»Unmöglich?«, fragte die Frau und schüttelte den Kopf. »Geht nicht, gibt's nicht!« Dann blickte sie mit ihren hellen blauen Augen lächelnd in die Runde. »Oder doch?«

Anstelle eines Nachworts

Achte auf deine Gedanken,
denn sie werden Worte.
Achte auf deine Worte,
denn sie werden Handlungen.
Achte auf deine Handlungen,
denn sie werden Gewohnheiten.
Achte auf deine Gewohnheiten,
denn sie werden dein Charakter.
Achte auf deinen Charakter,
denn er wird dein Schicksal.

Charles Reade
(engl. Schriftsteller, 1814–1884)

Auflösung

Auflösung von Seite 64
Die einzige Einschränkung bei dem Spiel lautete: Sie dürfen nicht den Stift absetzen! In welche Richtung Sie aber eine Linie wie weit verlängern wollen, steht ganz in Ihrem Belieben. Auf dieser Freiheit beruhen die verschiedenen Lösungen.

Lösung A / vier Linien:

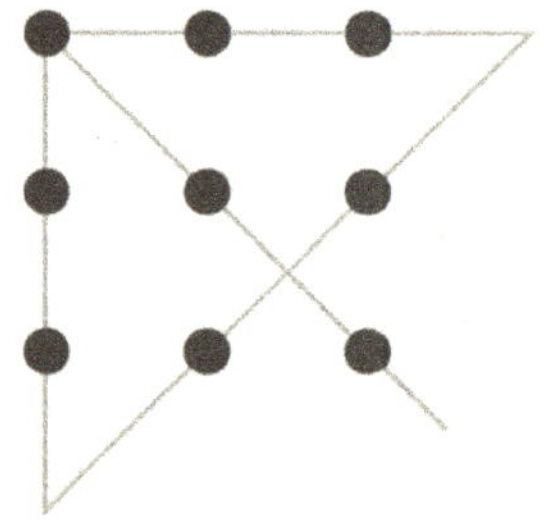

Lösung B / drei Linien:

Lösung C / eine Linie:

Lösung D / zwei Linien:

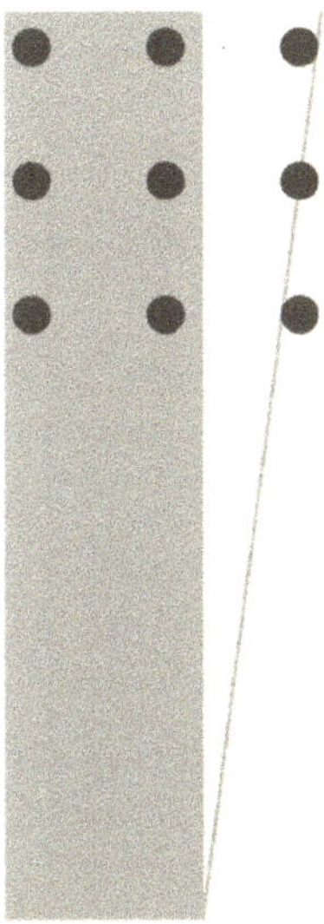

Ausbildung zum Mentalcoach:

Warum diese Ausbildung?

Wissen und Können waren schon immer gute Vorraussetzungen, um das Leben zu meistern. Doch heute gibt es immer mehr Menschen, die über ausreichend Wissen oder Können verfügen, aber dennoch nicht erfolgreich sind, Menschen, die über große Potenziale verfügen, diese aber nicht nutzen.
Wie viele Menschen erreichen trotz bester Ausbildung ihre beruflichen Ziele nicht?
Wie viele großartige Talente im Sport bringen es zu nichts? Und wie viele Menschen hätten alle Möglichkeiten, um ein glückliches Leben zu führen und schaffen es dennoch nicht?
Die Ergebnisse unseres Lebens hängen nicht davon ab, welche Fähigkeiten wir haben, sondern davon, was wir daraus machen. Das wiederum ist im hohen Maße über unsere mentalen Fähigkeiten beeinflussbar. Von unserer mentalen Einstellung hängt es ab, ob wir uns glücklich fühlen oder nicht.
In der Ausbildung zum Mentalcoach lernen Sie einerseits, wie Sie selbst Ihre Potenziale vollständig ausschöpfen können, um ein erfülltes und glückliches Leben zu führen. Andererseits lernen Sie, wie Sie andere Menschen dabei unterstützen können, dasselbe zu erreichen. Die Besonderheit dieser Ausbildung besteht darin, dass sie nicht nur alle Kompetenzen des modernen mentalen Trainings vermittelt, sondern ganzheitlich alle wesentlichen Elemente des Lebens erfasst. Sie entwickeln Ihre wahren intuitiven Fähigkeiten und erkennen die Zusammenhänge der universellen Lebensgesetze, um zur Inspiration für andere Menschen werden zu können.

An wen richtet sich diese Ausbildung?

An alle Menschen, die sich für mentales Training interessieren und sich generell persönlich weiterentwickeln wollen oder auf der Suche nach ihrer Lebensaufgabe sind. Sie richtet sich natürlich auch an diejenigen, die sich eine Existenz als Mentalcoach aufbauen wollen und dafür alle erforderlichen Kompetenzen erwerben möchten.
Darüberhinaus ist diese Ausbildung auch sinnvoll für Menschen, die sich für ihre bestehenden oder zukünftigen Aufgaben weiter qualifizieren möchten. Ob für Unternehmer, Führungskräfte und Verkäufer, oder für Ärzte, Therapeuten, Gesundheits- und Ernährungsberater, ob für Lehrer, Ausbilder und Weiterbildner oder auch für Sportlehrer, Trainer, Physiotherapeuten und Sportler werden die mentalen Fähigkeiten zukünftig mehr und mehr über Erfolg und Misserfolg entscheiden.

Alle Informationen zur Ausbildung finden Sie unter:
www.thomasbaschab.de/Ausbildung

„Was wir sind ist, das Geschenk der Welt an uns, was wir werden, ist unser Geschenk an die Welt"
(Elementalcoaching)

Elemental Coaching

Thomas Baschab & Mirja Baschab-Lang

Danke!

Wie hat der französische Moralist La Rochefoucauld gesagt? »Dankbarkeit ist bei den meisten Menschen nichts als ein geheimes Verlangen, noch größere Wohltaten zu empfangen.« Dazu bekennen wir uns gern! In der Hoffnung, auch in Zukunft von ihrer Lebenserfahrung und Lebensklugheit zu profitieren, möchten wir uns bei allen bedanken, die zur Entstehung dieses Buchs beigetragen haben. Das sind insbesondere:
Jürgen Veiel, Annette Keller-Baschab, Serpil Prange, Hans Hauska, Roman Hocke, Dr. Brigitte Dörr, Stephan Triller, Gertrud Schiestel
Allen unseren Seminarteilnehmern danken wir für Ihre Anregungen und Inspirationen.

Noch Fragen, liebe Leser?

»Wer's kann, der tut's, wer's nicht kann, der lehrt's!« Diesem Verdacht setzt sich jeder aus, der sich hinsetzt und ein Buch schreibt. Darum unsere Bitte an Sie: Wenn Sie nach der Lektüre Fragen, Anregungen oder Kritik haben, schreiben Sie uns. Wir sind für jedes Feedback dankbar und antworten gern.
Haben Sie Lust, uns die Meinung zu sagen? Dann erreichen Sie uns unter folgenden Adressen:

Thomas Baschab Mentaltraining
www.thomasbaschab.life
info@thomasbaschab.de

Dr. Peter Prange
www.peterprange.de
info@ava-international.de

PS: Anfragen zu Seminaren und Vorträgen können natürlich ebenfalls auf diesem Weg erfolgen.